Sommario

Ringraziamenti:

Lavoro 13 ore di fila e amo quello che faccio.
Non ho nessuno che mi dice cosa fare, sono libero di decidere, di sbagliare o di fare la cosa giusta.
Amo cambiare, pormi nuovi obiettivi, come dico sempre di alzare l'asticella ogni anno.
Per molti il cambiamento è scomodo, per me indispensabile, la scomodità porta ad adattarsi, adattarsi ad altre situazioni vuol dire crescere e crescere porta al successo.
Un ringraziamento è doveroso, lo devo a tutte quelle persone che mi hanno dato la forza di superare le mie incertezze, perplessità, difficolta, non voglio citarle lo sanno già.
Se noti che la tua vita è troppo comoda . . . allora è tempo di mescolare le carte e rimettersi in gioco.

Il marketing delle persone, tra le persone
Prefazione di Cristiano Carriero

Il marketing ha tutti i crismi della scienza esatta, ma non lo è. Conosco persone che pianificano l'impossibile, vivono i dati come un'ossessione più che come un ausilio, ma poi dimenticano un principio che è alla base del marketing stesso: la vendita. Marketing è vendere. Un corso, un'emozione, un sogno, un'idea, un caffè. E per vendere il caffè devi saper sorridere al momento giusto, usare le parole migliori, e in questa epoca fare un grande esercizio di sincerità. Il nostro interlocutore/ cliente è sempre più preparato, ha sempre meno tempo a disposizione, ama le storie ma non le favole. Per questo mi arrabbio quando qualcuno traduce la parola "storytelling" con *"raccontare storie"*. Storytelling è *"comunicare attraverso le storie"*, che è un concetto molto diverso e molto più complesso. Viviamo in un flusso incessante di contenuti e informazioni, le storie – come dice il mio maestro Andrea Fontana – *ci curano, ci trasformano, ci atterriscono*. Poi, alla fine, devono aiutarci a vendere. Quando ho conosciuto Alessandro, di cui mi pregio di essere amico, sebbene il nostro rapporto sia molto recente e frutto di piacevoli scambi professionali, ho capito subito che mi trovavo di fronte ad un talento del marketing. Forse non avrà studiato in America, e non avrà il curriculum di uno che si è laureato nelle più prestigiose Università del Bel Paese, ma il suo talento lo ha acquisito grazie a tre peculiarità: la formazione continua, l'empatia, la fame. La prima ha sorpreso anche me. Alessandro organizza corsi e workshop per Metainfor, lavora tutta la settimana senza sosta ma spesso, se non sempre, il sabato e la domenica è lì ad ascoltare i suoi relatori, ad apprendere, a concretizzare le sue idee. L'empatia è una dote che non si impara a scuola. O ce l'hai o non ce l'hai. Alessandro ascolta, aiuta, sa mandare sempre il messaggio giusto al momento giusto. Come tutti i grandi imprenditori che conosco, perché lui prima di essere un marketer è un imprenditore, sorride sempre e non conosce la parola "problema", semmai dice "opportunità", e non è un luogo comune. Conosce i tuoi gusti. Se sa che ami il sushi, lui se ne ricorderà. Se hai detto che *quel* posto ti è piaciuto, lui farà di tutto per portarti di nuovo. Non è forse marketing questo? E poi la fame. Alessandro non si sente mai arrivato. Se decide di fare video, sposta i mobili e si fa un set in casa. Se sceglie di scrivere un libro non ci dorme la notte. In questo mi riconosco in lui, così come nella fortuna di avere accanto una persona, Claudia, che lo asseconda, lo comprende e lo aiuta. Ma questa non è la storia di Alessandro, non racconto cose così personali per scriverne una biografia, semplicemente per arrivare a comprendere come si arriva ad un marketing che performa. Perché *performare* vuol dire raggiungere degli obiettivi, e vedere orizzonti dove gli altri vedono solo strade. L'ultima volta che sono andato a trovarlo, relatore di un suo corso di marketing, mi parlava di una sede più grande, della necessità di avere più spazio, per fare cose ancora più ambiziose. Alessandro non nomina mai la parola "crisi", credo di non avergliela mai sentita dire. Eppure non lavora in un territorio semplice. La provincia pugliese sa essere dura alle volte, ecco perché lo considero un'eccellenza di questa terra, uno che non solo non è andato via, ma vuole provare a realizzare cose sempre più importanti partendo dalla sua città, Andria. E io lo ringrazio per avermi coinvolto, perché fare formazione in Puglia, a pochi kilometri dal posto in cui sono nato e cresciuto, è un'esperienza umana straordinaria. Fatta di fogli excel, pennarelli, zeppole e biccheri di vino rosso. Lui non lo sa, perché pensa che magari sono troppo concentrato a fare il mio lavoro, ma io lo studio, lo osservo, lo imito. Il suo modo di comunicare è quello di chi sa cosa esattamente cosa vuole ottenere, e questo è un pregio di pochi e non c'è tool o strumento che possano aiutare. Non c'è parola chiave, non c'è SEO, non ci sono slide, perché il marketing è un'altra cosa. È la frase giusta del fruttivendolo, è lo stile del portiere di un albergo, la simpatia di un barman, il consiglio di un cameriere, la gentilezza di una commessa in un negozio. È ora che il marketing esca dalle slide e torni dove ha iniziato ad esistere: tra la gente. Ecco perché non vedo l'ora di leggere il libro di Alessandro. Perché è un comunicatore che conosce uno dei segreti più preziosi del marketing: il valore delle persone.

Io penso che se fai qualcosa e risulta abbastanza buona, dovresti **andare avanti** a fare qualcosa di meraviglioso,

non aspettare troppo. Pensa solo alla prossima cosa.

Steve Jobs

1

Parole sante quelle di Steve Jobs! Infatti a volte penso …sarebbe un'ottima cosa puntare ad un negozio virtuale capire quante persone navigano in tutto il mondo ….   i loro interessi …. cosa ricercano su Internet.

Oggi possiamo dire che è online quasi la metà del mondo! del resto come dico sempre io navigano anche i sassi !

Eh si … siamo la nuova generazione .. e la vecchia? semplice segue il nuovo trend . Adesso siamo la generazione dei " **Sempre Connessi** ".

Uno degli aspetti che contraddistingue l'epoca contemporanea è sicuramente il **flusso continuo di comunicazione** e informazioni tra le persone: tra internet e telefonini, la rete sociale dell'essere umano appare decisamente estesa.

Interconnessione è la parola d'ordine: che sia qualcosa di frivolo o di serio, la cosa importante è comunicare tutto ciò che accade a noi e intorno a noi.

Una delle prerogative dei sempre connessi è essere Social e soprattutto avere la comodità di usufruire di servizi come lo shopping online.

Le persone passano ore, quasi un terzo del tempo trascorso online, anche a socializzare e a condividere contenuti sui social media, un esempio simpatico che voglio riportarvi è proprio quello del semaforo infatti, di solito appena scatta il colore rosso tutti suonano, come se andassero perennemente di fretta .. e adesso ? adesso c'è il silenzio assoluto; tutti intenti con il loro cellulare a social-lizzare.

Internet ha davvero trasformato la nostra vita ,   il mondo sta passando al digitale, un'opportunità che le piccole – medie imprese devono assolutamente cogliere.

1.1 Differenziati grazie al fattore "P"!

Tra i principali aspetti ai quali dovreste pensare c'è il fattore " P ". Cos'è ? P = Perché !

Mi spiego meglio ... Perchè devono scegliere la vostra attività piuttosto che un'un'altra ?

La risposta è molto semplice devi **differenziarti**, devi offrire un **qualcosa in più** degli altri un qualcosa che spingerebbe l'utente a scegliere voi, non sto parlando di ridurre i costi dei vostri servizi o prodotti, ma di aggiungere quel qualcosa in più che fa fare la differenza .

Facciamo un' esempio pratico.

Alfonso, fa il fotografo e decide di alzare l'asticella della sua attività per incrementare non solo i suoi guadagni, ma soprattutto l'aspetto   motivazionale e fissare nuovi obiettivi.

Il primo passo da fare è :

1. Creare un obiettivo
2. Dare una scadenza
3. Pianificazione
4. Pensare ad un dettaglio che può fare la differenza

Quindi Alfonso pensa ...non riduco il costo del mio servizio, ma aggiungo qualcosa che altri non hanno.

Aggiunge ai suoi servizi un "drone" in grado di eseguire riprese dall'alto e fotografare scene particolari con riprese mozzafiato HD , per esempio di un matrimonio.

in questa maniera l'utente sarà più propenso a scegliere i suoi ssrvizi.

Ricordatevi mai svalutare la propria professionalità e soprattutto una riduzione del costo di un servizio potrebbe indurre l'utente a pensare una scarsa qualità dello stesso.

1.2 Sfrutta le tue opportunità digitali

Vantaggi ? Beh tantissimi ! Avere una presenza digitale significa essere visibili alle persone che vanno su Internet alla ricerca di un'attività. Le possibilità di ricerca sono praticamente infinite. Quando un cliente fa clic su un link al tuo sito web, può scoprire tantissime cose sui tuoi prodotti.

Visualizzate video, schede tecniche dei tuoi prodotti, può leggere le Feedback di clienti soddisfatti. Può sfogliare il tuo listino prezzi, trovare la tua attività. Può compilare un modulo per farti una domanda o richiederti un preventivo. O soprattutto fare clic sui tuoi profili social e trovare consigli, foto e video.

Magari non avrai così tante funzionalità sul tuo sito fin dall'inizio, ma questi esempi ti consentono di comprendere le diverse opportunità offerte da una presenza digitale.

La presenza online ti può anche offrire informazioni utili sui potenziali clienti, per esempio cosa cercano e come soddisfare le loro richieste. Come? Internet ti consente di mostrare annunci mirati alle persone che stanno cercando i prodotti o servizi che offri tu. Per esempio, utilizzando la pubblicità associata alla ricerca, puoi mostrare i tuoi annunci a potenziali clienti

Per molti, infatti, la difficoltà maggiore sta nel creare un piano strategico.

Primo fra tutti, curare l'ambito Web, mobile, social.

Soprattutto nell'area social individuare quello più adatto alle tue esigenze di azienda e mercato.

L'errore che molti fanno è quello di "buttare" la propria attività in qualsiasi tipo di social senza criterio e valutazione.

In tal senso mi permetto di indirizzarvi dandovi alcune linee guida da seguire.

- Individua il social più adatto al tuo profilo di attività e che consenta al meglio di accentuare ed esprimere le tue qualità
- Prima specializzati e focalizzati solo su un'unico social, acquisisci followers, mi piace e successivamente progetta e prospetta la tua attività su un'altro profilo
- Gestisci video oltre che contenuti
- Pensa ad un qualcosa che spingerebbe le utenze a seguire la tua pagina
- Offri un servizio che crei una fidelity dei tuoi utenti
- Vengono poi tecnologia e contenuti in ogni post e articolo.
- Costi e tempi: stabilisci un budget realistico e una tempistica attuabile, con tappe ben chiare.

1.3 Prima fase l'email marketing

Vuoi essere sempre la prima scelta dei tuoi clienti, prova l'email marketing.

L'email marketing è il perfetto complemento delle altre attività di marketing digitale. Perché? Perché favorisce il coinvolgimento e la fedeltà del cliente senza farti spendere troppo. E funziona bene anche sui dispositivi mobili.

1. Crea un elenco di contatti
2. Rivolgiti ai diversi segmenti di pubblico
3. Instaurare relazioni con i clienti.

Vuoi utilizzare le email per presentare i tuoi prodotti e servizi e portare più visitatori sul tuo sito web? perfetto ! Ricordati sempre se vuoi che un tuo obiettivo sia raggiunto è il **dettaglio** che fa la **differenza**.

- In primis quando parli con i clienti, chiedigli di darti il loro indirizzo email per inviargli sconti e offerte speciali.

- Se hai un sito web, inserisci **obbligatoriamente** un modulo e invita i visitatori a iscriversi online.

Ricorda che le persone devono autorizzarti ad inviare loro email commerciali e che in molti paesi esistono leggi che richiedono un consenso esplicito. Questo è il primo passo per mettere insieme un elenco di persone che desiderano ricevere le tue email. Ora parliamo di come l'email marketing può aiutarti a conseguire i tuoi obiettivi. uno dei maggiori errori che molti fanno è quello di "stalkerare" i tuoi clienti con troppi messaggi in un lasso di tempo breve o contenuti in un'unica email. Inizia salutando e presentandoti in maniera amichevole. Poi, potrai inviare informazioni sul tuo negozio e sulle linee di prodotti in vendita. A questo punto, puoi fare un paio di domande per definire il loro campo di interesse.

Quando avrai informazioni sui tuoi clienti, potrai inviare loro offerte specifiche o contenuti che possono trovare interessanti.
Ricordati di inserire informazioni utili e offerte pertinenti.

Oltre che per promuovere la tua attività, puoi usare l'email marketing per saperne di più sui tuoi clienti.

Chiedi ai tuoi iscritti se sono interessati a ricevere aggiornamenti su altri prodotti o servizi. Poi scopri come preferiscono essere contattati.

Per esempio, vogliono ricevere email una volta alla settimana o al mese? Annota ciò che hai scoperto nel tuo database di contatti per le future campagne email. E le persone che sono nel tuo elenco di contatti da parecchio tempo? I clienti fedeli sono davvero importanti per la tua attività. La parola d'ordine è **fidelizzare**.

Le persone apprezzano chi riesce a prevedere le loro esigenze.
Se renderai i tuoi contenuti utili e divertenti, i tuoi iscritti li apprezzeranno e così sarai in cima ai loro pensieri quando dovranno fare acquisti.
Infine, puoi usare le email per richiedere un feedback ai tuoi contatti sulla loro esperienza di acquisto o sull'assistenza clienti.

Sapendo cosa ha funzionato o cosa è andato storto, potrai proporre soluzioni ai loro problemi o semplicemente ringraziarli di essere tuoi clienti. Tutto qui. L'email marketing è un ottimo modo per sviluppare relazioni sia con i clienti attuali che con quelli potenziali.

Se individui diversi segmenti di pubblico, puoi personalizzare le comunicazioni in base ai loro interessi specifici. Proponendo contenuti utili e coinvolgenti, puoi fidelizzarli nel tempo. Una vasta base di clienti farà crescere la tua attività.

1.4 Come impostare email di successo

Parliamo di come attirare l'attenzione dei tuoi clienti con un oggetto persuasivo, come mantenerla grazie a contenuti brevi e interessanti e come inserire link per fornire ulteriori informazioni.
Pensa a cosa vedono i clienti quando danno uno sguardo alla loro posta in arrivo. Devi entrare nell'ottica che la tua email deve far venir loro voglia di aprirla!

il primo impatto sarà il nome della tua attività nel campo del mittente e l'oggetto dell'email.

Utilizza un nome e un indirizzo email che identifichino chiaramente la tua attività. (sfruttate i 3 indirizzi che solitamente all'acquisto di un dominio vi offrono gratuitamente e impostateli secondo i criteri di cosa vorrete gestire con lo stesso. È più probabile che le persone aprano un'email inviata da qualcuno che conoscono e di cui si fidano. L'oggetto dell'email può determinare il successo o l'insuccesso della tua campagna. Un oggetto efficace spingerà le persone ad aprire l'email. Un oggetto scritto male potrebbe invece spingerle ad eliminarla o far finire il messaggio nello spam.

1. Oggetto semplice e breve: che non superi le dieci parole.
2. Inserisci informazioni più preziose e pertinenti contenute nell'email.

3. Personalizza o localizza l'oggetto. Per esempio:

indicando l'oggetto in questione e magari la città di riferimento.

4. Evitare termini quali "gratis", "sconto", "promemoria" e "offerte speciali", oltre a simboli come euro (€) e punti esclamativi, perché **attivano i filtri anti-spam.**

5. Paragrafi brevi - massimo tre frasi - e incentrati su una singola idea.
6. Inserire un link a un articolo o a informazioni supplementari sul tuo sito web.

7. Usa bene la grafica e il grassetto per mettere in **evidenza** i contenuti e le offerte importanti.
8. Per regolamento inserire un link in fondo all'email che consenta ai destinatari di annullare l'iscrizione, modificare le preferenze email o aggiornare info di contatto.

2

Creatività significa semplicemente collegare cose. Quando chiedi a persone creative come hanno fatto qualcosa, si sentono quasi in colpa perché non l'hanno fatto realmente, hanno solo visto qualcosa e, dopo un po', tutto gli è sembrato chiaro. Questo perché sono stati capaci di **collegare** le esperienze vissute e sintetizzarle in nuove cose.

Steve Jobs

2.1 Il simpatico funzionamento dei motori di ricerca

Il ruolo del motore di ricerca ? è scansionare tutte le pagine del web, le classifica e le dispone in ordine logico, differenziando varie categorie come pagine web, immagini, video, shopping e altre tipologie.

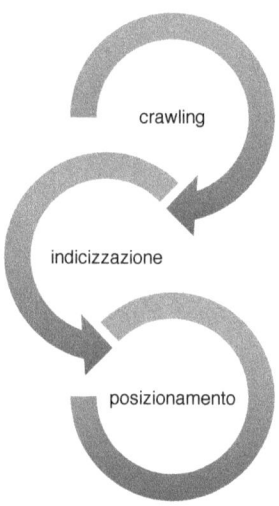

Quando fai una ricerca, il motore confronta le parole e le frasi che usi con l'indice, cercando i risultati corrispondenti, quindi evitate di fare il classico "**copia e incolla**" da altri siti, ma i vostri contenuti devono essere **vergini e puri**.

2.2 Come i motori di ricerca riconoscono il web

Ottimizza le tue pagine per far sì che compaiano nei risultati di ricerca delle persone che cercano siti web come il tuo.

Mettiamo che tu sia un fotografo vorresti promuovere l'attività con un sito web. Quando guardi la pagina di un sito, vedi questo.

Ma quando un motore di ricerca guarda quella stessa pagina, oltre a ciò che vedi tu, vede anche il codice che la compone, chiamato HTML. Apposite parti di questo codice aiutano il motore di ricerca a capire di cosa parla la pagina web. E sapere quali sono queste parti può aiutarti a ottimizzare il tuo sito. Innanzitutto, il titolo della pagina nel codice.

Molti siti web possono essere modificati usando strumenti che gestiscono la codifica HTML al posto tuo, chiamati sistemi di gestione dei contenuti, o CMS. Se utilizzi un CMS per apportare modifiche al tuo sito web, è probabile che ci sia anche un campo apposito per aggiungere questo titolo.

Puoi aiutare il motore di ricerca a indicizzare la tua pagina in modo corretto assicurandoti che il titolo descriva in maniera accurata i suoi contenuti.

Parliamo infine delle immagini nelle pagine. I motori di ricerca non vedono le foto , infatti quello che vedranno è il codice che le compone. Per aiutare i motori di ricerca a identificare un'immagine, scegli un **nome descrittivo**, e non dare i soliti titoli img 001 ecc...... Puoi migliorarlo ancora aggiungendo un "testo alternativo" nel codice dell'immagine. Chiamato anche "tag ALT", serve a descrivere l'immagine; è utile per chi utilizza browser web che non visualizzano le immagini, o per le persone con disabilità visive che usano software per ascoltare i contenuti delle pagine web.

Avere un sito web e **non indicizzarlo** è come aver aperto un'attività e lasciare le **serrande chiuse**.

Inchingolo Alessandro

2.3 Cos'è una ricerca Organica

Digitando una parola o frase in un motore di ricerca, compare un elenco di risultati con link alle pagine web e contenuti inerenti alla ricerca predisposta .

La pagina dei risultati è organizzata in diverse sezioni:

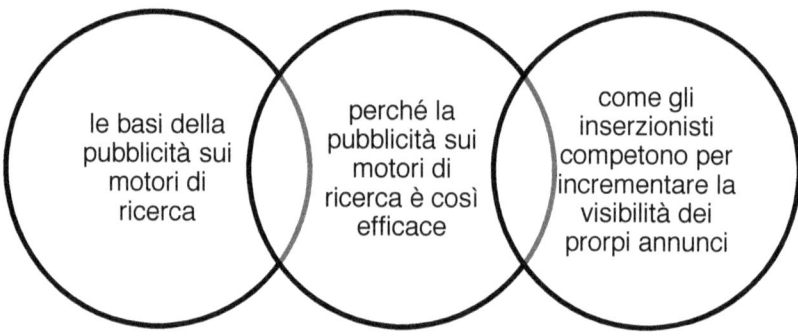

Cerchiamo di comprendere al meglio la differenza e le funzionalità dei risultati organici o non a pagamento.

Riprendiamo l'esempio fotografo Alfonso: immagina di aver appena iniziato a proporre un nuovo servizio fotografico.

Di sicuro altre persone nella tua città potrebbero

apprezzare questa novità alcuni potrebbero cercarla proprio in questo momento. Quindi, come fare? Quando qualcuno cerca qualcosa con un motore di ricerca, la pagina che viene visualizzata comprende un elenco di risultati organici e non.

I risultati organici sono quelli che corrispondono alla query di ricerca, cioè le parole che sono state digitate. Anche se gli annunci e i risultati organici compaiono sulla stessa pagina, c'è una grossa differenza! perche apparire fra i risultati organici non costa nulla!

I siti web non devono né possono pagare per arrivarci. Come aumentare le possibilità che il tuo sito web venga proposto nei risultati non a pagamento?

La parola chiave è la **qualità**.
Il principale obiettivo dei motori di ricerca è aiutare le persone a trovare quello che cercano. Se riesci a far capire al motore di ricerca che il tuo sito web è ciò che cercano, hai fatto centro. Se migliori i contenuti del tuo sito web per fare in modo che compaia nei risultati organici stai facendo

ottimizzazione per i motori di ricerca, o SEO. La buona SEO non è nient'altro che aiutare un motore di ricerca a trovare il tuo sito.

Quindi, cosa apprezzano i motori di ricerca? **Contenuti validi e pertinenti**. Pensa a cosa potrebbero cercare precisamente i potenziali clienti.

Ecco cosa sono i risultati di ricerca organici. Tutto quello che devi fare è assicurarti che i tuoi contenuti siano pertinenti per chi esegue una ricerca, così ci farà clic e visiterà il tuo sito.

2.4 Cos'è la ricerca SEM (pagamento)

Ecco un esempio pratico di come funziona la pubblicità sui motori di ricerca, chiamata SEM o marketing per i motori di ricerca.

Mettiamo che tu sia a Trani per fare delle commissioni e abbia voglia di prendere un Cornetto. Prendi il cellulare e cerchi bar Trani.

Così ti ritrovi una pagina piena di alternative. Ogni sezione della pagina - la mappa, gli annunci e i risultati di ricerca - propone diverse opzioni.

Alcuni di questi risultati sono stati selezionati in base alla formula organica del motore di ricerca. Le altre sezioni sono annunci.

Se confronti per un momento questi annunci con quelli che si possono trovare in una rivista, ti accorgerai di una grossa differenza: ogni annuncio riguarda un bar; e non annunci non attinenti. Gli annunci che vedi completano la pagina dei risultati aiutando gli utenti a trovare quello che stanno cercando.

L'offerta

L'offerta è l'importo massimo che un inserzionista è disposto a pagare per un clic su un annuncio. Se qualcuno fa clic sull'annuncio, l'inserzionista pagherà un importo pari, o talvolta inferiore, all'offerta.

Quindi se un inserzionista offre 2 euro per una parola chiave, quello è il massimo che pagherà per un singolo clic sull'annuncio. Se un annuncio compare sulla pagina ma nessuno ci fa clic, l'inserzionista non pagherà nulla.

Per vincere l'asta non sempre basta fare l'offerta più alta. I motori di ricerca premiano gli annunci e le parole chiave particolarmente pertinenti per una data ricerca. Anzi, è possibile che annunci pertinenti riescano a "guadagnare" posizioni più alte nella pagina dei risultati di ricerca anche con offerte più basse. In alcuni casi, indipendentemente da quanto sia alta l'offerta, un motore di ricerca non mostrerà l'annuncio se non è pertinente.

2.5 Google Search Console

Console è uno strumento indispensabile e che fornisce informazioni su come va il tuo sito web nei risultati di ricerca   Google.

Ha due funzioni principali. Monitora le tue prestazioni nei risultati di ricerca Google. E mostra come Google "vede" il tuo   sito
Perché   questo   è   importante?

Il rapporto "Analisi delle ricerche" mostra parole o frasi non attinenti, vuol dire che i testi del tuo sito web andrebbero rivisti.

Vai   su   **www.google.com/webmasters**
Dopo la registrazione, aggiungi il tuo sito web e completa la verifica per provare che sia effettivamente tuo. Search Console creerà rapporti per il tuo sito, in maniera totalmente free!

Introduzione all'ottimizzazione per i motori di ricerca (SEO)

Capire il funzionamento dei motori di ricerca può aiutarti a migliorare la presenza online della tua attività. Concentriamoci su :

- cos'è l'ottimizzazione per i motori di ricerca

- come i motori di ricerca capiscono il tuo sito web

- a cosa danno maggiormente importanza.

Verrebbe da dire... cosa possiamo ricercare online ? magari la domanda deve essere posta al contrario ! ovvero cosa non possiamo ricercare online !

Riportiamo un esempio molto semplice immagina che tu sia il proprietario di un negozio di spezie e che desideri espanderti vendendo i tuoi prodotti online. La SEO consentirà ai motori di ricerca di capire meglio cosa offri. Questo significa che, quando un utente esegue una ricerca online digitando una parola o una frase correlata alla tua attività, per esempio "spezia cannella", il tuo sito web avrà maggiori probabilità di comparire tra i risultati della ricerca.

Alcuni dei risultati mostrati dal motore di ricerca sono annunci a pagamento, mentre quelli che non lo sono vengono mostrati perché il motore li trova pertinenti alla frase inserita nella casella di ricerca, i cosiddetti "risultati organici".

I motori di ricerca ordinano i risultati in base a formule, o algoritmi, setacciando costantemente il web per trovare nuovi contenuti e cercare di dargli un senso.

Il tuo sito web compare tra i risultati grazie alle parole che hai utilizzato, per esempio "spezie naturali", e ad altri fattori, come il numero di siti web che contengono un link al tuo.

Ma quali sono i vari step ?

```
┌─────────────┐  ┌─────────────┐  ┌─────────────┐
│             ╲ │  recensioni  ╲ │             ╲
│  popolarità  ╲│  di persone  ╲│   Parole     ╲
│             ╱ │  o siti      ╱ │   chiave     ╱
└─────────────┘  └─────────────┘  └─────────────┘
```

Ciascuna di queste componenti sono indispensabili da annoverare anche la geolocalizzazione. Vuoi il tuo sito più appetibile per i motori di ricerca?

I motori di ricerca danno più valore a ciò che è originale e unico, interessante, coinvolgente pertinente a livello di contenuti alla propria attività. Non è tragico ! cerchiamo ora di migliorare il SEO e raggiungiamo i nostri obiettivi di business.

2.6 La buona e sana pianificazione SEO

Google Trends ?! ottima soluzione ! per cercare parole chiave.

Acquisire una buona comprensione dei processi di SEO ti consentirà di ottimizzare il tuo sito web. Dopo aver identificato le parole chiave più efficaci, esegui una ricerca e verifica i risultati:

quante di queste parole o frasi fanno apparire il tuo sito web nei risultati sul motore di ricerca? Elimina le key che non fruttano.

Una volta che avrai scoperto le lacune, il passo seguente è capire come colmarle.

Il passo successivo? Fissa una scadenza per ogni attività, così lavorerai sul tuo piano SEO in modo costante per tutto l'anno.

Aggiornati ! anche che i motori di ricerca aggiungono continuamente nuove funzionalità e migliorano i loro algoritmi, per esempio per tenere conto del crescente uso dei dispositivi mobili per le ricerche online.

Per finire, modifica il tuo piano quando qualcosa non va.

C'è una pagina del sito che non ha abbastanza traffico organico? Probabilmente ha bisogno di rifarsi il look.

Il sito attrae molte visite ma le vendite restano basse? Forse hai bisogno di un invito all'azione più accattivante.

Verifica regolarmente i risultati del tuo sito e concentrati sui fattori più critici. **Ecco come si realizza un piano SEO.**

- ricerca delle parole chiave per capire cosa vogliono i tuoi clienti.
- Cerca delle soluzioni per migliorare i punti deboli e stabilire le priorità.
- Rinfresca il tuo piano SEO in base all'evoluzione del tuo settore di attività e dei motori di ricerca.

2.7 Il processo di SEO

Processo SEO e i passi da seguire

- Monitora i cambiamenti, controllandone l'effetto sul tuo sito

Ispirati da altri siti web

Interazione con i clienti. Nessuno meglio di loro può darti un parere sui contenuti che mancano.

Come scegliere le parole chiave

i fattori fondamentall nella selezione delle parole chiave sono la frequenza, concorrenza e pertinenza. Fissateli bene a mente e il tuo piano SEO sarà un successo.

https://adwords.google.com/KeywordPlanner

Come fissare obiettivi di SEO realistici

Fissare gli obiettivi realistici per il traffico organico e con annessa valutazione ti consentirà di potenziare la tua strategia di SEO.

I fattori principali per definire il successo riguardano la scelta di criteri di misura opportuni

e soprattutto quali strumenti possono aiutarti.

Se il mio intento è vendere un prodotto specifico al più alto numero possibile di nuovi clienti creerò relazioni con loro mantenendo contenuti validi, che li spingano a tornare sul sito per nuovi acquisti. Guarda che spettacolo ! con una semplice analisi abbiamo fissato i nostri primi obiettivi di business.

Conversioni

Trasformare i visitatori del sito in clienti paganti.
Coinvolgimento

Invita gli utenti a interagire con i contenuti del tuo sito.
Acquisizione

Acquisire nuovi clienti.

Stabilire gli obiettivi di SEO e misurarli ti consente di capire nello specifico le prestazioni del tuo sito web. Come fai a scoprire se il tutto procede per il verso giusto?

Per esempio, essere in prima posizione nel motore di ricerca è sicuramente esaltante, ma non è necessariamente garanzia di successo. Fai attenzione a non inserire parole chiave che non sono pertinenti ai tuoi obiettivi.

Puoi misurare le acquisizioni e la copertura monitorando il numero di volte in cui la tua attività compare nei risultati di ricerca, il coinvolgimento, monitorando quali contenuti leggono i visitatori e con quali interagiscono, oppure i visitatori diventano fan della tua attività sui social network.

Ma come monitori questi parametri? Gli strumenti di analisi e per i webmaster forniti dai motori di ricerca possono darti queste informazioni, spesso gratuitamente. Nel contempo ci sono strumenti (a pagamento) che vi consentirebbero una maggiore e accurata gestione, ma di questo approfondiremo successivamente.

Grazie a queste informazioni puoi mettere a punto la tua strategia di SEO per ottenere risultati migliori.

ecco un link che potrebbe interessarti : https://developers.google.com/speed/pagespeed/insights/

3

Il novanta per cento del successo di qualsiasi prodotto o servizio sta nella sua **promozione** e **marketing**.
(Mark Victor Hansen)

3.1 Ottimizzare le tue pagine web per la ricerca

Inizia con l'ottimizzazione per i motori di ricerca migliorando le pagine del tuo sito web.

L'ottimizzazione alle singole pagine del sito, può aiutare rapidamente i motori di ricerca a interpretare meglio i tuoi contenuti.

Ma fai attenzione a non ripeterli troppo, perché i motori di ricerca potrebbero considerarli come spam. Ricordati che stai scrivendo soprattutto per le persone e il messaggio deve essere chiaro.

3.2 Le basi del marketing per i motori di ricerca (SEM)

La pubblicità tradizionale trasmette un messaggio al mondo intero. Invece, il marketing per i motori di ricerca sceglie come target un gruppo molto specifico di persone, è importante comprendere 2 aspetti fondamentali

- cos'è il SEM
- come funziona

Forse hai già sentito parlare del marketing per i motori di ricerca, ma non sai come funziona. Mettiamo il caso che tu debba effettuare una ricerca, sulla pagina dei risultati del motore di ricerca otterrai tantissime opzioni.

Osserviamo meglio i risultati.

I link che vedi sulla parte principale della pagina si chiamano risultati "organici". Comparire qui non costa nulla. In questo spazio i motori di ricerca mostrano i siti che secondo loro hanno i contenuti più pertinenti. Ora osserva attentamente la colonna di destra e in cima alla pagina. Questi risultati sono inserzioni pubblicitarie a pagamento.

Il SEM, quindi, ti consente di utilizzare questi spazi per inserire annunci mirati a potenziali clienti quando cercano certi termini e frasi rilevanti per la tua attività. Si tratta delle cosiddette parole chiave. Un'altra caratteristica unica del SEM è che l'inserzionista paga solo quando qualcuno fa clic sull'annuncio. Se il tuo annuncio viene mostrato ma nessuno ci fa clic sopra, non dovrai pagare nulla, questo tipo di pubblicità si chiama "pay-per-click".

Con il SEM, quindi, è molto probabile che la persona che fa clic sul tuo annuncio sia effettivamente interessata a ciò che offri, perché ha cercato proprio quello. O meglio, l'ha chiesto al motore di ricerca digitando le parole chiave che avevi precedentemete impostato.

Il marketing per i motori di ricerca è uno strumento unico e potente per promuovere la tua attività. È semplice ma efficace, perché si basa sull'idea che le persone cerchino ciò di cui hanno bisogno. E gli inserzionisti possono mirare a ricerche specifiche, pagando solo se qualcuno fa clic per saperne di più. Ecco cos'è il marketing per i motori di ricerca

3.3 Cosa rende efficace una parola chiave

Quando inizi una nuova campagna di marketing per i motori di ricerca (SEM), è importante capire cosa rende efficace una parola chiave.

Ci concentreremo su :

- pertinenza

- traffico

- concorrenza.

Nel SEM, paghi ogni volta che un utente fa clic sul tuo annuncio. Quindi assicurati di spendere bene i tuoi soldi.

Desideri attirare più visitatori, scopri che la parola chiave da te scelta costa in media 1,68 € per clic. Ricorda: una "parola chiave" non deve essere necessariamente composta da una sola parola, può anche essere una frase. Non conoscendo il valore di questi clic per la tua attività, non puoi sapere se la parola chiave prescelta sia efficace o   meno.

Per esempio, se scopri che il valore medio di questi clic per la tua attività è pari a 40 €, è ragionevole affermare che la parola chiave sia efficace. D'altro canto, se il valore medio è pari a 1 €, forse è il caso di fare delle modifiche. Misurare il valore dei clic sugli annunci ti aiuterà a sapere se le parole chiave sono efficaci o no. Ma prima di avviare una campagna non sarai in grado di misurare il valore delle parole chiave che stai generando. Quindi come puoi eseguire una ricerca sulle parole chiave prima di aggiungerle alla tua campagna? Hai a disposizione varie opzioni.

La prima è domandarti quanto sia pertinente la parola chiave.

La seconda è il livello di traffico che la parola chiave può generare.

Valutare cosa sta facendo la concorrenza. Pensandoci bene, se una parola chiave è pertinente e genera molto traffico, anche i tuoi concorrenti probabilmente la useranno. Questo non vuol dire che non devi includerla nelle tue scelte. Ma dovresti cercare parole chiave con pertinenza e traffico elevati e con poca concorrenza. Si tratta di trovare il giusto equilibrio tra questi tre fattori (pertinenza, traffico e concorrenza) e, se lo trovi, la tua campagna inizierà col piede giusto. Ricordati di monitorare le parole chiave costantemente, così imparerai velocemente cosa funziona meglio e potrai eseguire le modifiche più appropriate in corso d'opera.

3.4 Mettere in evidenza i tuoi annunci

Bastano pochi piccoli accorgimenti per trasformare un annuncio "piatto" in qualcosa che catturi subito l'attenzione.

Cominciamo dalla pertinenza. **Pertinenza** è il termine chiave quando si parla di marketing per i motori di ricerca, o SEM.

1. Cerca di scrivere il titolo del tuo annuncio in modo che corrisponda il più esattamente possibile alle parole utilizzate dall'utente per la ricerca.
2. Offrire sconti o proporre vantaggi speciali è un modo facilissimo per attirare l'attenzione, offrendo al cliente un motivo valido per visitare il tuo sito.
3. Creare un'efficace invito all'azione. In altre parole, devi dire ai visitatori cosa vuoi che facciano quando arrivano sul tuo sito. Come ad esempio "Acquista" o "Iscriviti!" Le ricerche mostrano che si ottengono risultati quando si chiede alle persone di fare qualcosa di specifico.

È una buona idea includere l'invito all'azione nella seconda riga del tuo annuncio, in modo che l'utente sappia cosa fare dopo averci fatto clic sopra.

Queste tecniche ti aiuteranno a migliorare i tuoi annunci sotto tutti i punti di vista. Concentrati su questi suggerimenti sul lungo periodo e il successo arriverà.

3.5 Ottenere il massimo dalle tue parole chiave

I motori di ricerca offrono strumenti che ti aiutano a identificare le parole chiave che funzionano meglio e che possono aiutare i potenziali clienti a trovarti online.

Vediamo come rendere le parole chiave più efficaci possibile.

Uno degli strumenti free di pianificazione delle parole chiave di Google Trends o il Keyword Research Tool di Bing, possono aiutarti a identificare le parole chiave più pertinenti ed efficaci per la tua nuova campagna.

I risultati mostrano anche quante ricerche tende ad avere ogni termine, nonché altre informazioni utili, come "i prezzi delle offerte" e i "livelli di concorrenza". Sapendo tutte queste cose, potrai creare diversi "gruppi", chiamati gruppi di annunci. Organizzando questi termini in gruppi di annunci, potrai scrivere annunci pertinenti per ciascun gruppo di parole chiave.

Questo per quanto riguarda le parole chiave pertinenti. E le parole chiave meno pertinenti?

In tali situazioni, puoi utilizzare "**parole chiave a corrispondenza inversa**", per evitare che i tuoi annunci siano mostrati nelle ricerche non pertinenti alla tua attività, anteponendo il segno "-" davanti alla parola Per esempio, [-matita],

Le parole chiave a corrispondenza inversa bloccano i tuoi annunci ogni volta che una ricerca contiene uno di questi termini o tutti quanti.

Questo è utile, perché evita che gli annunci siano mostrati per ricerche non pertinenti, ti fa risparmiare soldi e garantisce che siano solo i tuoi clienti ideali a trovarti.

È sempre meglio vendere a persone che vogliono **ascoltare** ciò che hai da dire

(Seth Godin)

3.6 Local Promotion

Internet mette in contatto imprese e clienti a livello globale. Ma se hai un'attività locale, vorrai attrarre le persone del circondario. Cerchiamo di comprendere cosa significa:

- locale in ambito digitale,
- come costruire una presenza nella ricerca locale
- mix marketing locale e dispositivi mobili.

Ma cosa intendiamo quando parliamo di un'attività "locale"? Con questo termine ci riferiamo a negozi, ad esempio a un centro estetico, ma anche a un'attività che offre servizi a domicilio, come un elettricista. Quindi attività solitamente vendono prodotti e servizi a coloro che abitano nelle vicinanze o a persone in visita nella   zona.
Un tempo questo tipo di attività si affidava alle Pagine Gialle per farsi trovare dai clienti in cerca dei propri prodotti o   servizi.

Oggi invece le persone fanno ricerche comodamente seduti sul divano, tramite qualsiasi tipo di device. Se cercano un prodotto o servizio che puoi offrire e si trovano nella tua zona, è l'opportunità perfetta per farsi avanti.

Come funziona una ricerca locale? Facciamo un esempio.

Una persona desidera trovare un negozio nei dintorni di casa includendo la sua città o il suo quartiere nei termini della ricerca.

Otterrà un elenco di attività locali, con indirizzo, numero di telefono e orario di apertura. Se effettua la ricerca da un dispositivo mobile, potrà fare clic per chiamare il negozio oppure utilizzare la funzionalità di mappatura dello smartphone, che gli fornirà le indicazioni per arrivare a destinazione. Come fare per costruire una presenza online sul territorio per la tua attività?

Per prima cosa assicurati che i tuoi contatti siano inclusi nel tuo sito web. Se hai un negozio, inserisci il tuo indirizzo e magari anche una mappa interattiva navigabile (e non quegli orrendo screenshot della mappa) con le indicazioni per raggiungerti, oltre a numero di telefono e orari di apertura e chiusura.

E, se la tua attività offre servizi in specifiche aree, assicurati di spiegare bene sul sito quali zone copri e come puoi essere contattato.

Ma puoi fare anche cose molto specifiche per trasformare le persone che vivono nei pressi della tua attività in clienti, indicizzando le persone al tuo negozio, sfruttare la pubblicità locale sui siti di recensioni, i social network e i motori di ricerca e cogliere le opportunità di interazione con i clienti offerte dai dispositivi mobili.

4

Fare promesse e mantenerle è un ottimo metodo per **costruire** un **brand**
(Seth Godin)

4.1 Strategie con i Social Media

I social media sono ovunque e le persone li utilizzano ogni giorno.

- L'importanza della presenza sui social

- i social media giusti per la tua attività

- maggiore presenza e coinvolgimento dei tuoi followers.

I social media permettono alle persone di entrare in contatto, interagire, condividere e scambiare informazioni. In poco tempo sono diventati qualcosa di cui non possiamo più fare a meno. Sono letteralmente milioni le persone che si connettono e condividono contenuti sui social media ogni giorno e più volte al giorno.

Questi canali possono quindi essere anche uno strumento utilissimo per il business, dandoti la possibilità di parlare direttamente ai tuoi clienti, condividere contenuti, costruire un rapporto di fiducia, raggiungere sempre più persone, influenzandole essere sempre più affine alle loro esigenze.

Creando rubriche, appuntamenti periodici sul tuo social il tuo network potrà crescere in fretta. Queste persone potrebbero vedere i tuoi post e condividerli con altri interessati, procurandoti nuovi seguaci e nuovi potenziali contatti.

Un altro aspetto fondamentale riguarda le recensioni, infatti è statisticamente comprovato che è uno dei fattori che maggiormente incide su un' acquisto di un prodotto o servizio, oltre ad avere preziose indicazioni e spunti per migliorare la propria attività,

La chiave è che non sei tu a promuoverti, ma i tuoi clienti!

In base al targeting e al tipo di attività dovrai scegliere bene il o i tuoi social in questa maniera potrai decidere se hai bisogno di una pagina su Facebook, un canale su YouTube, un account su Pinterest, un profilo su Twitter, un profilo aziendale su LinkedIn o una combinazione. Poi devi creare il tuo profilo, o quella che sarà la tua "home page", su ciascuno dei siti di cui entrerai a far parte.

Ogni social network è differente, ma ti conviene aggiungere dettagli sulla tua attività ogni volta che è possibile, come l'indirizzo e le informazioni di contatto. Alcuni ti permettono di aggiungere più informazioni o persino foto e video.

Un consiglio che mi sento di darvi è di gestire meglio 1/2 social in maniera assiudua che 10 in maniera superficiale perché le persone con cui interagisci sui social media non vogliono solo "ascoltare" cosa hai da dire, ma anche conversare e confrontarsi.

I social media vivono di condivisione, ecco perché, se aggiungi post e foto e prendi parte alle conversazioni, sarà facile per le persone entrare in contatto con te. E questo vuol dire più occhi puntati sulla tua attività.

I social media sono un ottimo modo per iniziare a parlare con le persone e, fondamentalmente, per accrescere il numero dei tuoi clienti. Ma, come per qualsiasi altra cosa avvenga online, avrai bisogno di una parola magica "**pianificazione**".

4.2 Programmazione per i social media

E' importantissimo fissare obiettivi specifici da raggiungere sui social per poter mettere in atto la nostra strategia.

I social media offrono grandi opportunità per le attività, ma ricorda che il tutto deve essere corredato da una strategia concepita per tuoi obiettivi aziendali.

Esistono molti social network e tanti modi di utilizzarli. Ma prima di iniziare poniti una semplice domanda: dove voglio arrivare?

Forse stai cercando un modo più veloce per rispondere alle richieste dei tuoi clienti, per raggiungerli e incoraggiarli a fare acquisti più frequenti. O ampliare il tuo business puntando a nuove persone che potrebbero diventare nuovi potenziali clienti.

1° Obiettivo : far conoscere la tua attività.

Con questo obiettivo in mente sarà più facile decidere i prossimi passi da compiere sui social media.

In poche parole stai cercando di raggiungere persone che non hanno mai sentito parlare di te, pensa a ciò che potrebbe interessarle o a cui potrebbero rispondere in modo   positivo.

Quando hai qualcosa da dire, devi capire come trovare le persone   a   cui   dirlo.

Poiché stai cercando di ampliare la tua rete di contatti,

probabilmente vorrai cominciare con alcuni dei network principali. Iscriviti a Facebook e Twitter. Dopo l'iscrizione, puoi raggiungere un gruppo di clienti affezionati o persino i tuoi amici e parenti e chiedere loro di entrare in contatto. Man mano che le condivisioni tra i vostri network aumentano, i tuoi contatti cresceranno e raggiungerai i tuoi obiettivi   commerciali!

Crea contenuti che generano discussioni lanciando una domanda, un parere, o consiglio. L'ultima cosa che dovrai pianificare è come parlare ai diversi segmenti di pubblico sui   diversi   network   che   stai   utilizzando.

In parte questo dipenderà dal tipo di network stesso, ma vale la pena ragionare sul tono e sul tipo di interazioni che vuoi   avere.

Vuoi essere **professionale**? Fallo quando il tuo pubblico di destinazione è formale e professionale o su network specifici   come   **Linkedin.**

O vuoi essere **leggero** ed amichevole? Questo atteggiamento funziona meglio su network meno formali, come   Facebook usando un tono coinvolgente ed accattivante. Se invece stai cercando di coinvolgere i tuoi clienti consolidati, non dimenticare di dimostrare riconoscenza per la loro fiducia che   ti   hanno   riposto.

4.3 Strumenti e piano strategico sui social media

Organizzazione e **calendarizzazione** sono le parole chiave che consentono di creare un solido piano che definisca come vuoi investire nei social media e con quale costanza.

Non è facile tenere sempre tutto aggiornato, rispondere e interagire con i tuoi contatti o tirare fuori costantemente una serie di idee per poter pubblicare sempre post originali e interessanti su un certo numero di network diversi.

Quindi considera i prossimi 6-12 mesi per creare un calendario. Butta giù un piano social, come il tipo di argomenti che, secondo te, avrebbe senso pubblicare. Cosa   interessa   al   tuo   pubblico.

Quando ha senso pubblicare i post? bisogna considerare alcuni aspetti fondamentali :

- Fascia oraria
- Giorni di pubblicazione
- Quantità post mensili
- Qualità dei testi

Stabilisci "cosa" "quando" e "dove" pubblicare.

Ad esempio, se vuoi mostrare alcune delle bellissime foto e quindi concentrarti sull'aspetto visual, l'ideale è farlo su social media come Instagram o Pinterest. Se invece vuoi condividere un'offerta speciale con i tuoi più grandi fan, potresti utilizzare Facebook o Google+.

E non dimenticare di pensare a chi si occuperà di tutte queste attività. Farai tutto da solo o dividerai il lavoro con qualcuno? Annovera nel tuo piano chi sarà il responsabile e in cosa ti aiuterà.

Ecco ragazzi cos'è un piano per i social media. Una volta definiti tutti i compiti sul calendario per i prossimi mesi, ti sarà improvvisamente più chiaro come affrontare il nuovo e ampio mondo dei social media.

Forse stai pensando che il tutto fosse molto più semplice? Tranquilli ci sono strumenti che vengono in vostro aiuto.

Con gli strumenti di gestione dei social media come postpickr, dove puoi creare in anticipo i contenuti che vuoi pubblicare e condividere. Puoi decidere su quali network condividerli e puoi collaborare con i tuoi colleghi, perché ti accompagnino nel percorso che ti condurrà al successo sui social media.
Puoi inoltre utilizzare strumenti come questi per ascoltare ciò che la gente ti dice sui social media.

4.2 Le Funzionalità di Postpickr

Your social media assistant

PostPickr è una piattaforma web, fruibile anche in mobilità, che aiuta professionisti, imprese ed organizzazioni a gestire con successo i social media.

Un unico ambiente dal quale dirigere tutte le attività sui social media, anche su più social network contemporaneamente, e risparmiare fino al 70% del tempo.

Le funzionalità :

- **Project Management**

  È possibile creare uno o più Progetti Editoriali, in base a specifiche attività, campagne o obiettivi.

  Ciascun Progetto può essere gestito in team e raccoglie ad hoc contenuti, programmazioni, statistiche e collaboratori.

- **Content Management**

  Attraverso un Editor è possibile creare contenuti perfettamente formattati con testo, link, immagini, GIF e video, personalizzati per ciascun social network.

  I contenuti possono essere organizzati in Rubriche tematiche in base agli argomenti stabiliti nel Piano Editoriale.

I contenuti possono essere destinati direttamente alla pubblicazione o sottoposti ad un processo di approvazione da parte di altri membri del team.

- **Content Curation**

  È possibile aggregare le fonti preferite, consultarle ed attingere contenuti da utilizzare nel Piano Editoriale.

  PostPickr integra più di 10 servizi tra feed RSS, stream di account social, app di bookmarking e banche dati online.

- **Content Scheduling & Publishing**

  È possibile pianificare e programmare in anticipo la pubblicazione di singoli post, di intere Rubriche di contenuti o dei feed delle fonti.

  Le programmazioni sono visualizzate in un elegante calendario editoriale con anteprima visiva dei post.

- **Analytics**

  Sono disponibili tutte le principali metriche per misurare le performance generali di canali e contenuti, e analizzare la composizione dei follower per caratteristiche demografiche e per interessi.

Gestlone dei Progetti

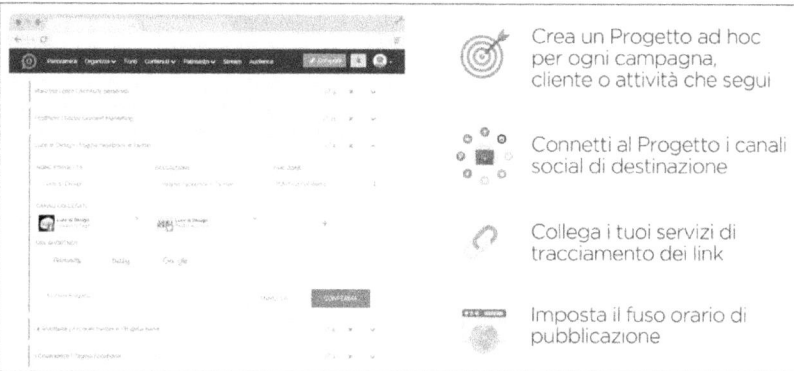

Lavorare in Team

Crea un team di lavoro ad hoc per ciascuno dei Progetti che gestisci

Assegna ruoli e privilegi di amministrazione ai tuoi collaboratori

Approva preventivamente i contenuti prima che vengano pubblicati.

Creare i contenuti con il post editor

Pubblica subito o programma i post su più social network

Imposta la ripetizione automatica delle pubblicazioni nel tempo

Sottoponi i post all'approvazione di un altro membro del team

Gestire i contenuti con le rubriche

Salva ed organizza i contenuti in Rubriche tematiche e ricorrenti

Modifica i post salvati, approva i contenuti, spostali in altre Rubriche

Riordina la sequenza dei contenuti salvati tramite drag&drop

Il calendario editoriale

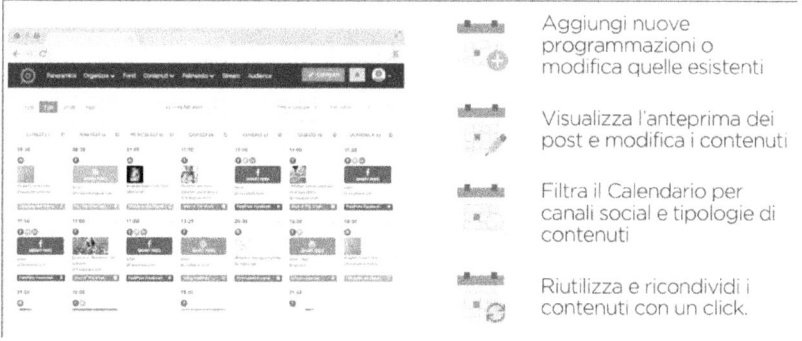

Aggiungi nuove programmazioni o modifica quelle esistenti

Visualizza l'anteprima dei post e modifica i contenuti

Filtra il Calendario per canali social e tipologie di contenuti

Riutilizza e ricondividi i contenuti con un click.

Misurare i risultati

Scopri come crescono i tuoi account e come è composto il tuo pubblico

Misura le prestazioni totali dei contenuti, organiche e a pagamento

Esporta facilmente grafici e tabelle da inserire nei tuoi report personalizzati

Misura le performance dei singoli post e riutilizza con un click i post di successo

Gestire la community

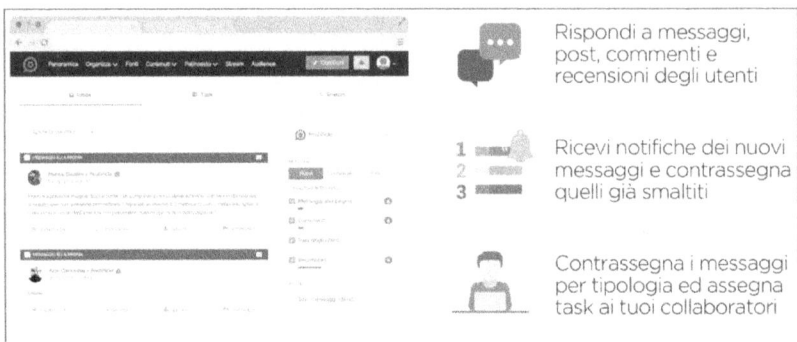

Rispondi a messaggi, post, commenti e recensioni degli utenti

Ricevi notifiche dei nuovi messaggi e contrassegna quelli già smaltiti

Contrassegna i messaggi per tipologia ed assegna task ai tuoi collaboratori

Mobile app

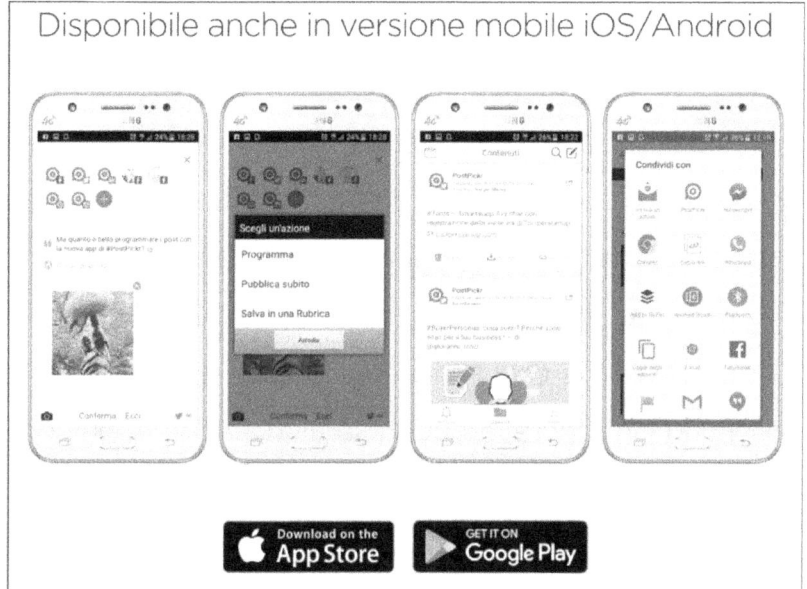

fantastico! No?

4.5 La pubblicità sui social media

Se desideri raggiungere segmenti di pubblico specifici online, la pubblicità sui social media è un'ottima scelta per far arrivare il tuo messaggio a segmenti di pubblico specifici.

Adesso che il tuo piano per i social media è stato definito e avviato vediamo un aspetto più specifico, ovvero gli strumenti che i social network ti offrono per fare pubblicità a pagamento per raggiungere un pubblico più specifico a cui rivolgere il tuo messaggio.

Adesso concentratevi. Poniamo come esempio un centro di formazione, con il passare del tempo forse avrai notato che i tuoi migliori clienti appartengono a una determinata categoria demografica... diciamo donne tra i 20 e i 35 anni. Tu ora starai pensando.. quindi ?! come quindi ! grazie a tutti gli strumenti che abbiamo a disposizione possiamo possiamo indirizzare la pubblicità esattamente a persone che rientrano in questo profilo e che è più probabile diventino tuoi clienti!

I social media possono aiutarti a fare questo e molto altro ancora, perché spesso hanno molte informazioni sui loro utenti. Pensa a Facebook ad esempio, molte persone al momento della registrazione danno a facebook i loro dati personali come nome, cognome, età, occupazione lavorativa, ed è per questo che i siti di social media sono in grado di offrire alle imprese la possibilità di raggiungere gruppi specifici.
Il meglio deve ancora venire. Non tutte le donne tra i 20 e

i 35 anni sono interessate a fare formazione. Dunque, evitare di spendere denaro in pubblicità per persone che non sono interessate è già di per sé una vittoria.

Per fortuna, i siti di social media possono aiutarti a restringere ancora di più il tuo pubblico. Ad esempio, potresti rivolgerti a un target di donne tra i 20 e i 35 anni che sono interessate a uno specifico corso, in base alla loro carriera scolastica o professione. Sarebbe un ottimo modo per destinare la tua pubblicità alle persone probabilmente più interessate al tuo corso.

Ma spingiamoci oltre. Come per qualsiasi altro canale pubblicitario online, puoi limitare i tuoi annunci a una specifica area geografica. Questo vuol dire che potresti utilizzare i social network per indirizzare la tua pubblicità a donne, tra i 20 e i 35 anni, che vivono in un raggio di 30 km dal tuo centro di formazione, a cui piace uno determinato profilo di certificazione. Spettacolo, vero? I siti di social media offrono numerose soluzioni per destinare pubblicità o contenuti a un pubblico molto specifico e questo è un ottimo modo per essere certi di investire il proprio budget per il marketing in modo intelligente.

Costruire una presenza sui social network è un processo graduale, soprattutto se si pubblicano contenuti originali, interessanti, guadagnando in visibilità. Si può accelerare questo processo? Ecco un altro ottimo motivo per provare la pubblicità a pagamento sui social network.

Questa è la pubblicità sui social media. La tua comunicazione può essere davvero mirata. E, in più, puoi aumentare la tua visibilità sui social network molto velocemente...

4.6 Cosa non fare sui Social Media

I social media possono essere uno strumento potente, ma bisogna fare attenzione a non causare problemi alla tua attività, come ad esempio:

- annoiare le persone
- pubblicare post in modo automatico
- sovraccaricarti di lavoro.

Messaggi noiosi e ripetitivi finalizzati alla vendita, post pubblicati una volta ogni tre mesi o, al contrario, troppo spesso, potrebbero danneggiare tutti i tuoi sforzi fatti sino ad ora.

Sei pronto a scoprire un po' di cose da non fare?

1) La gente va online per condividere notizie, tutorial e video divertenti. Non è lì per ascoltarti mentre cerchi di vender qualcosa e i brand che non hanno altro da dire diventano presto noiosi e vengono ignorati.

Se hai un'attività, ricorda che chi ti segue sui social media è già interessato a te. Non c'è bisogno di essere aggressivi. Preoccupati solo di offrire un buon prodotto e di mantenere vivo l'interesse dei tuoi follower.

Se sei il proprietario del negozio di abbigliamento, fai sì che i tuoi follower vengano aggiornati sulle ultime novità, sulle anteprime e su ciò che fai. Non devi ricreare le tue pagine prodotto e obbligare le persone a guardarle.

Le persone non vogliono vedersi riempire i propri feed di messaggi pressanti a senso unico. Vogliono che la comunicazione sia bidirezionale. Vogliono sapere che stai ascoltando.

Assicurati che ci sia sempre qualcuno online per monitorare i messaggi dei tuoi follower e di avere una strategia per rispondere ai commenti.

Sii gentile ma soprattutto costante. Dai seguito ai reclami e fornisci le informazioni richieste. Un feedback negativo non deve per forza finire in tragedia. Può essere un'opportunità per dimostrare ai tuoi clienti e a chiunque ti stia seguendo che desideri davvero aiutarli.

2) Non esagerare. Con tutti i network esistenti, hai opportunità quasi illimitate di parlare ai clienti ma queste conversazioni richiedono tempo.

Se non stai attento, verrai sopraffatto cercando di gestire troppi siti contemporaneamente. Concentrati su quelli che contano di più e intensifica la tua presenza in modo ragionato e gestibile, ricorda gestisci bene uno o due social per un certo periodo di tempo e solo dopo aver ottenuto dei buoni risultati espanditi su altri social.

3) la pagina social non è aggiornata da mesi?

Altro   grave   errore.

La gente potrebbe immaginare che ci sia qualcosa che non va o addirittura chiedersi se l'attività sia ancora in piedi. Le imprese in crescita, innovative e stimolanti hanno molto da dire. Quelle noiose e lente potrebbero invece avere   poco   da   comunicare.

Tu in quale categoria vorresti essere rappresentato? Infine, non ci stancheremo mai di sottolineare quanto sia importante misurare i risultati dei tuoi sforzi. Utilizzando i social media e gli strumenti di analisi potrai vedere coi tuoi occhi come il tuo impegno stia contribuendo alla redditività della tua attività e capire quali sono le iniziative più vantaggiose.

4.7 Il Web mobile

Quando le persone navigano o effettuano una ricerca, ad esempio di una attività, molto probabilmente usano un dispositivo mobile. Tutti i motori di ricerca si stanno adattando a questo nuovo trend ed è bene che lo facciano anche le attività commerciali.

Oggi alle imprese non basta più un semplice sito web. Le persone accedono a Internet più dai propri dispositivi mobili che dal computer. Il sito web di un'attività commerciale deve pertanto essere ottimizzato per tali dispositivi. Ovvero, deve funzionare bene su schermi più piccoli..

Immagina la classica scena della cena con amici si parla di un argomento come ad esempio le vacanze. Così prendi il cellulare e inizi a cercare mete o pacchetti vacanza. Tutto ciò che google ti mostrerà saranno diverse alternative, di siti web attinenti alla tua ricerca, con inviti ad azioni, tipo, chiama ora, contattaci, registrati.

Ecco un esempio perfetto dell'impatto che i dispositivi mobili possono avere per la tua attività in termini di potenziali clienti. La gente è spesso in giro, va di fretta, e usa i motori di ricerca per trovare velocemente ciò che cerca.

I motori di ricerca offrono risultati che corrispondono ai termini ricercati e alla posizione dell'utente. Riescono anche a capire se un sito web è ottimizzato o meno per i dispositivi mobili. Ma cosa vuol dire esattamente "ottimizzato per i dispositivi mobili"? Partiamo dalla tecnologia utilizzata per creare il tuo sito. Le soluzioni disponibili sono molte, ma la maggior parte dei motori di ricerca preferisce ciò che viene definito "responsive design", ovvero un sito capace di adattarsi alla dimensione dello schermo di chi lo sta visualizzando. Se hai un sito web di questo tipo, non hai bisogno di creare siti distinti per computer e dispositivi mobili. Un sito web per dispositivi mobili ben progettato è utilizzabile anche sugli schermi più piccoli.

I caratteri e i pulsanti dovrebbero essere facili da leggere e da premere. E la navigazione dovrebbe essere chiara e semplice. I visitatori dovrebbero essere subito in grado di capire cosa possono fare e come.

Nonostante le dimensioni più piccole dello schermo, i visitatori del sito web devono poter completare attività comuni come la registrazione o l'acquisto di un prodotto. Una volta creato il sito web ottimizzato per i dispositivi mobili, è essenziale che i motori di ricerca lo trovino, lo comprendano e lo visualizzino nei risultati. Ecco a cosa serve l'ottimizzazione per i motori di ricerca finalizzata ai dispositivi mobili.

Il SEO per dispositivi mobili prende in considerazione gli stessi fattori valutati per i normali siti web, come la pertinenza dei contenuti. Ma i parametri fondamentali su cui si fonda l'ottimizzazione di un sito web per dispositivi mobili sono le prestazioni e l'usabilità. Per prestazioni si intende la velocità di caricamento del sito, che può essere influenzata da vari elementi, quali la presenza di immagini e file di dimensioni particolarmente grandi.

L'usabilità si riferisce invece all'esperienza dei visitatori sul sito. In altre parole, se il tuo sito offre un'esperienza soddisfacente agli utenti mobili è più probabile che appaia tra i risultati dei motori di ricerca.

Un sito web ottimizzato per i dispositivi mobili, quindi, può portarti più visitatori, garantire un'esperienza migliore e far crescere la tua attività.

5

5.1 Come analizzare la concorrenza

La prima regola è quella di monitorare e analizzare la concorrenza tramite software specifici .

Per superare i tuoi concorrenti devi sapere chi sono di dove sono e approfondire le loro attività , in quanto tutti loro hanno il tuo stesso e identico obiettivo, ovvero raggiungere nuovi potenziali clienti e le prime posizioni di Google.

Impariamo adesso a costruire una strategia pubblicitaria in grado di portare subito a **ROI** (Return on investment) le tue campagne.

Per lo studio della concorrenza vi sottoporrò all'analisi di 2 piattaforme, ovvero SEMrush e Ranking Coach .

5.2 Il mitico SEMrush !

SEMrush è uno strumento utile ad analizzare il proprio sito web, ma non solo, puoi farlo anche con quello dei tuoi competitor .

Di seguito alcune funzionalità da utilizzare per migliorare la tua campagna:

- RICERCA DI ADVERTISING: dà la possibilità di accedere ai dati sulle attività pay per click, sui loro budget, parole chiavi più efficaci, testi di annunci. In questa maniera comprenderai al meglio come si muovono i tuoi concorrenti e impostare correttamente le tue campagne su Google AdWords.
- Ricerca e concorrenza delle parole chiave;
- Verifica dei posizionamenti AdWords e il CPC
- Verifica di come si posiziona un competitor lato AdWords, ovvero se fa la pubblicità e quali parole chiave utilizzata.

Si Parte !

Basta inserire l'indirizzo web in piattaforma, lascia che esegua tutte le analisi necessarie e come per magia potrai verificare lo stato del sito, ovvero chi sono i competitor e come sono posizionati e conoscere le mosse di un tuo competitor consultandone la posizione dei suoi annunci sponsorizzati su Google, il CPC e la URL di riferimento, quindi la pagina di destinazione e scoprire quali parole chiave li attivano.

Vediamo stumenti utili pay per click.

PPC KEYWORD TOOL, riunisce strumenti, come gli editor keyword online e i file Excel, frequentemente usati dagli specialisti PPC. Consentendo di ricercare nuove keyword da importare su AdWords.

ADS BUILDER, Il servizio definisce automaticamente i tuoi competitor e li visualizza all'interno di un elenco.

Inoltre puoi utilizzare dei template utili per la creazione di annunci davvero efficaci .

Ovviamente vi consiglio di effettuare un upgrade alla versione pro è molto più completa e vi da una infinità di strumenti in più soprattutto se gestite un notevole portfolio di clienti.

5.3 Ranking Coach

RankingCoach è una soluzione di Marketing Online dedicata alle piccole e medie imprese con tempo e conoscenze limitate per queste attività.

Oggigiorno, l'online marketing è mandatorio per qualsiasi attività in crescita. In un mondo nel quale arrivare online è diventato sempre più semplice, rankingCoach offre ai proprietari di piccole e medie imprese il prossimo passo logico. Coloro che hanno comprato i propri siti web da una delle molte aziende di hosting user-friendly a disposizione, e stanno usando uno dei più popolari CMS per strutturare e impostare il proprio sito come desiderano in che modo possono assicurarsi, avendo creato un bellissimo sito web, che i propri clienti li trovino online? È qui che rankingCoach gioca un ruolo. Tramite una serie di video tutorial chiari e concisi, personalizzati per tutti i maggiori CMS, la piattaforma aiuta l'utente a trovare le migliori parole chiave possibili per la propria attività, gli mostra dove vanno implementate, e monitora il successo nel suo avanzamento. Il programma guida l'utente attraverso compiti personalizzati con un'interfaccia user-friendly così da permettergli un miglior posizionamento su Google.

Il settore industriale nel quale opera l'azienda è inclusa nel Programma di Marketing Online per le Piccole e Medie Imprese.

Perché è necessario?

Nei 28 paesi dell' Unione Europea , dal Belgio fino al Regno Unito ci sono più di 26 milioni d'imprese attive, delle quali la percentuale di PMI (piccole e medie imprese) è del 99,8%. Il numero delle persone che lavorano a tempo pieno è 26.401.395 con un enorme 62,5% di dipendenti di imprese che rientrano nella categoria delle piccole e medie imprese. Quel 62,5% è 16.500.871 persone*.

Oggigiorno per trovare una di queste imprese basta andare su un motore di ricerca e cercare ciò che si desidera. Se si vuole uscire a comprarsi una pizza, si può cercare "la miglior pizza vicino a me". Il primo risultato in cima ha più probabilità di essere selezionato siccome sarà il primo a essere visto. È questo ciò di cui ciascuna piccola e media impresa ha bisogno per competere con le aziende più grandi nello stesso settore.

Ci sono molte diverse opzioni tra cui ciascuno può scegliere mentre cerca di migliorare la propria ottimizzazione per i motori di ricerca. Ci sono le agenzie, i freelancer, etc. Che possono tutti occuparsi di migliorare la SEO di un'impresa, tuttavia rankingCoach riempie un vuoto nel mercato che loro non riescono a colmare: una soluzione fai-da-te economica che insegna allo stesso tempo all'utente come i motori di ricerca trovano il suo sito. Il che in aggiunta al bonus del farlo per sé, offre il controllo assoluto su qualsiasi aspetto della propria pagina web.

rankingCoach è la soluzione personalizzata e conveniente che permette alle imprese di raggiungere i risultati a cui mirano.

Come ebbe inizio?

Tutto ebbe inizio a Colonia, Germania, nel 2012, come progetto ramificato da un servizio più grande di online marketing. Fu sviluppata dai suoi fondatori in una soluzione di online marketing come programma per le piccole e medie imprese. Con una squadra internazionale proveniente da oltre 17 paesi, rankingCoach garantisce al cliente il miglior servizio possibile nella sua lingua.

rankingCoach iniziò come prodotto di Fairrank, una precedente azienda dal quale uno dei proprietari e fondatori Daniel Wette (CEO) proveniva. Inoltre, si unirono i fondatori Thomar Meierkord (COO) e Marius Gerdan (CTO) per trasformare questo prodotto non solo in ciò che è oggi, ma anche in una azienda diversa. Questa azienda si concentrò sul posizionare i siti dei proprietari di piccole e medie imprese nei motori di ricerca basandosi sulle conoscenze in fatto di marketing online acquisite in passato. Aiutando così a superare i limiti di tali e migliorarne i risultati. Il suo adattamento agli aggiornamenti di Google e agli attuali algoritmi e le partnership con influencer del settore (come Strato, Wix, Web Africa, Odin, cPanel, Hostpoint, Jimdo, Argeweb e molti altri) hanno aiutato l'azienda a intercettare le richieste del mercato per offrirgli dei risultati accurati.

Non è stato tutto facile, ma l'azienda sta diventando molto rapidamente una delle migliori opzioni per la SEO a livello globale. Un esempio del suo successo sono gli investimenti del 2017 di United Internet in rankingCoach. L'acquisizione del 29,93% delle azioni dell'azienda fu un enorme passo in avanti per la soluzione cloud-base per il marketing online. "La facilità di utilizzo delle soluzioni cloud-base è un fattore decisivo per conquistare il mercato delle PMI," dice Frank Krause, CFO di United Internet AG. "È esattamente questo che ha raggiunto rankingCoach con le sue soluzioni di online marketing. Investendo nell'azienda, vogliamo aiutare ad aumentare il successo di questo modello. In più, la Suite rankingCoach è un'aggiunta ideale per il portfolio di applicazioni cloud per le piccole e medie imprese offerto da 1&1" dice Frank Krause riepilogando le ragioni dell'investimento e delle future collaborazioni.

rankingCoach realizzò quanto fosse difficile e costoso per le piccole e medie imprese generare da sole un'adeguata ottimizzazione del proprio sito web, od ottenere tale servizio da un'agenzia di online marketing e SEO. L'azienda colse quindi l'opportunità per creare una serie di contenuti unici che combinassero un programma di coaching con un approccio fai-da-te.

Una delle innovazioni principali che rankingCoach ha introdotto è di lavorare con gli utenti su scala locale, dato che per un fiorista in Canada non è importante essere notato da persone in Polonia. rankingCoach fu la prima azienda a concentrarsi sulla scala locale e i risultati furono molto buoni. Alla fine fu così che risposero alle esigenze nel mercato.

Programma di coaching: proprio come un allenatore di fitness, rankingCoach guida l'utente passo passo attraverso il processo di miglioramento della propria presenza online. Controlla che siano state applicate le modifiche giuste, per poi verificare come è meglio procedere. Inoltre aiuta l'utente a monitorare la concorrenza, così facendo può proseguire imparando dai suoi errori, partendo dal presupposto che il cliente non conosca le parole "marketing online". Pertanto i suoi contenuti sono unici: nei compiti offre spiegazioni approfondite per ciascun termine e, in oltre 1.200 video, mostra nel dettaglio all'utente dove cliccare. Compatibile con i CMS più usati (Wordpress, Shopify, Magento, etc.), il contenuto dei video cambia in base alla singola situazione dell'utente e riflette esattamente ciò che quest'ultimo visualizza nel suo schermo.

Cronologia dell'azienda

Da cinque anni rankingCoach fornisce all'industria soluzioni all'avanguardia di online marketing per le piccole e medie imprese, e non dà segni di voler rallentare.

Nel 2013, rankingCoach viene lanciato come prodotto standalone in Fairrank, una delle più grandi e famose agenzie SEO tedesche. Da allora la start-up basata a Colonia ha vinto numerosi premi, incluso il premio Gründerszene per la start-up tedesca cresciuta più rapidamente nel 2016. L'uscita della Suite multi-channel di rankingCoach verrà pubblicata nel primo trimestre del 2018, lanciando così nel mercato la prima soluzione interamente dedicata al marketing online.

Il CEO Daniel Wette illustra la visione futura dell'azienda."Forniamo la soluzione numero uno per le piccole e medie imprese, che permette di semplificare la complessità del marketing online e renderlo facile, accessibile ed economico per tutti."

Come funziona? (Caratteristiche & Vantaggi)

INTRODUZIONE & PROCEDURA GUIDATA DI REGISTRAZIONE

rankingCoach è uno strumento molto pratico che consente a chiunque di ottimizzare il proprio sito web, confrontandolo con i siti web dei competitor e i risultati dei loro posizionamenti.

Durante la procedura guidata di registrazione, l'utente inserisce i suoi dati personali (nome, indirizzo, e-mail) e le principali informazioni inerenti l'attività da ottimizzare online.Sono 8 gli step attraverso cui l'utente fornisce tutte le principali informazioni affinché il tool possa fare un'analisi a 360° dello stato di ottimizzazione del sito:

- Inserire l'URL del sito da analizzare e ottimizzare

- Inserire i dati dell'attività/azienda
- Indicare il settore di business dell'attività
- Indicare per quale località si intende ottimizzare la propria attività (nazionale o locale)
- Breve analisi dello stato di ottimizzazione Offpage dell'attività sui principali portali di business e social media
- Indicare il CMS usato per gestire il sito
- Digitare almeno tre parole chiave che descrivono al meglio l'attività
- Scegliere o indicare i siti dei competitor da monitorare

RankingCoach ha elaborato un algoritmo dedicato esclusivamente alla ricerca di parole chiave, grazie al quale si possono scoprire i termini che gli utenti usano per cercare un'attività online. rankingCoach offre parole chiave qualitativamente migliori, con le quali potranno aumentare le opportunità di vendita e quindi di conversione.

Dopo che l'utente ha inserito le 3 parole chiave che lui ritiene siano le più importanti per la propria attività, il tool ne suggerisce altre (in base a quelle indicate dall'utente, al settore di business e alla località per cui si intende ottimizzare l'attività). Le parole chiave proposte sono evidenziate in tre colori diversi:

Rosse: parole chiave con indice di concorrenza elevato (volume di ricerca alto, molto usate dai concorrenti, CPC più alto su AdWords)

Gialle: parole chiave con indice di concorrenza medio (volume di ricerca medio, non molto usate dai concorrenti, CPC medio su AdWords)

Verdi: parole chiave con indice di concorrenza basso (volume di ricerca basso, poco usate dai concorrenti, CPC basso su AdWords)

Qui l'utente, in base a tali indicazioni, deciderà la strategia iniziale e quindi quali parole chiave scegliere e ottimizzare per il proprio sito web.

Una volta scelte le parole chiave, fino a 25, l'utente dovrà anche definire una classifica di importanza delle stesse affinché il tool possa creare una strategia personalizzata in base alla priorità assegnata.

Seleziona fino a 100 parole chiave appropriate cliccando
sulle bolle.

Il tool suggerisce inoltre (in base alle parole chiave selezionate, al settore di business indicato e in cui opera l'attività e alla località per cui si intende ottimizzare l'attività) alcuni siti di potenziali competitor. L'utente può scegliere e indicare fino a tre URL così da monitorarne il posizionamento.

L'analisi Generale

Dopo aver terminato la procedura guidata (ci vogliono pochi minuti), rankingCoach fornirà un'analisi generale sullo stato di ottimizzazione attuale del sito (sia per quanto riguarda i principali fattori Onpage che Offpage) come si può vedere dalle schermate riportate qui di seguito.

I Compiti

Una volta completata la procedura guidata, si entra nel pannello di controllo del tool che mostra la presenza attuale del sito web sui motori di ricerca (in particolare le pagine indicizzate su Google e Bing) e la sua ottimizzazione sui dispositivi mobili (laptop, tablet e dispositivo mobile).

La sezione dei "Compiti" si trova sulla sinistra del pannello di controllo. Qui gli utenti troveranno tutti gli accorgimenti SEO su cui dovranno iniziare a lavorare per ottimizzare il proprio sito web.

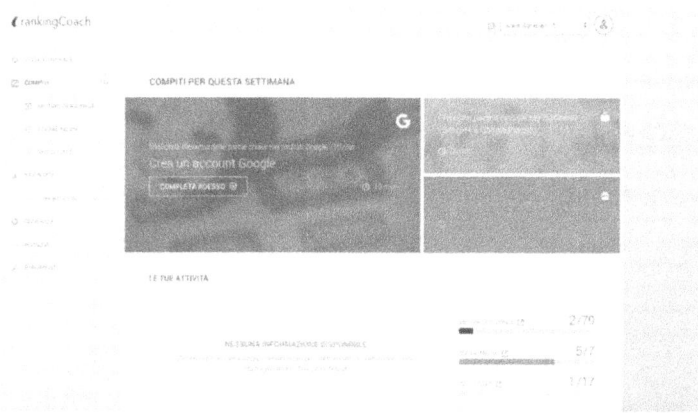

Ogni compito offre un video tutorial che guida gli utenti passo dopo passo in quello che bisogna fare, utilizzando un linguaggio meno tecnico possibile per essere sempre comprensibile e diretto. I video si adattano al CMS (Content Management System) utilizzato per creare e gestire il sito web. Pertanto, i video corrispondono sempre a ciò a cui l'utente è abituato a vedere sul proprio CMS, rendendo le indicazioni chiare e precise. Inoltre, nel caso in cui l'utente ne avesse bisogno, c'è sempre un dettagliato testo esplicativo accanto a ciascun video tutorial.

I compiti sono inseriti in tre sezioni: Motori di ricerca, Social Media e SEO locale.

Motori di ricercaQuesta sezione guida l'utente attraverso tutti gli aspetti di ottimizzazione base che dovrebbero essere applicati sul sito web. Dall'applicazione corretta delle parole chiave scelte nei Meta tag (es: title, description, ecc) della homepage e delle pagine secondarie (o sottopagine), alla creazione di backlink (o link in entrata) grazie all'analisi che il tool fa dei siti dei concorrenti (selezionati dall'utente).

Per ogni compito è indicato un "tempo stimato" (nella schermata sopra, per esempio, è di 10 min) entro il quale l'utente dovrebbe riuscire a terminarlo. Questo per permettere all'utente di organizzare il proprio lavoro (settimana per settimana e mese per mese) o quello dei propri collaboratori.

Solo per i compiti che riguardano l'ottimizzazione dei Meta tag, una volta terminato il compito e cliccando sul tasto "COMPLETATO", il tool analizza in tempo reale se il compito è stato completato correttamente o meno comunicandolo all'utente (vedi esempi sotto).

Social MediaQuesta sezione è dedicata all'analisi della presenza sui principali Social Media (Facebook, Twitter, ecc). Si trovano anche alcuni video tutorial quali "Come creare un account", oppure "Come impostare la tua pagina aziendale" e "Come integrare i tasti di condivisione sui Social sul tuo sito web". Altri compiti sono dedicati, per esempio, su come caricare video su Facebook e creare un evento. Semplici consigli che aiutano ad aumentare la visibilità online della propria attività.

SEO locale

La sezione SEO locale fornisce all'utente la lista di directory/portali di business più rilevanti che sono utili per avere una buona visibilità online. Lo strumento prende tutte le informazioni che sono state inserite durante la Procedura Guidata (e salvate nella sezione IMPOSTAZIONI) del proprio account e le allinea con queste directory per assicurarsi che tutte le informazioni siano corrette e che non manchi nessun dato.

Mentre procede con l'ottimizzazione, rankingCoach

controllerà se le attività sono state completate correttamente, informando gli utenti se c'è un errore e qual è l'errore, al fine di consentire ad ogni utente di ottenere i migliori risultati possibili dal lavoro SEO che sta svolgendo.

REPORTISTICA

Gli utenti di rankingCoach hanno accesso a rapporti dettagliati sulla performance delle loro parole chiave. Cliccando su "Rapporti" (nel menù a sinistra), l'utente può monitorare il posizionamento del suo sito per le parole chiave selezionate, e confrontarlo con quello dei suoi concorrenti. Il nostro strumento permette di visionare le informazioni sotto forma di grafico o di tabella, e mostra anche il sito così com'è visibile nella pagina dei risultati.

Ogni utente può verificare facilmente come i suoi posizionamenti per le diverse parole chiave cambino a seconda della località scelta, oltre che su base nazionale. Il tool può mostrare i dati di posizionamento su base giornaliera, settimanale o mensile, ed è inoltre possibile collegare un account Google Analytics per visualizzare tutti i dati importanti in un'unica piattaforma. Infine, è sempre possibile condurre un'analisi generale del sito per monitorare il progresso del processo di ottimizzazione.

IMPOSTAZIONINella sezione "Impostazioni generali" gli utenti possono gestire le informazioni relative alla propria attività quando necessario. Nella sezione "Attività" l'utente può selezionare il CMS che utilizza, permettendo così al tool di generare i compiti di conseguenza. In questi video sono mostrate le azioni da svolgere così come vengono visualizzate dall'utente. In questa sezione è inoltre possibile stabilire se si vogliono visualizzare i risultati su scala nazionale e locale, e in questo caso per quali città. È infine in questa sezione che l'utente può indicare l'indirizzo dell'impresa, selezionare il settore in cui opera o modificare l'indirizzo e-mail a cui essere contattato.

Nella sezione "Social Media" possono essere aggiunti gli account Facebook, Twltter e Google+ dell'azienda, che sono ormai diventati strumenti essenziali tanto per le aziende quanto per i clienti.

Nella sezione "concorrenti" è possibile selezionare aziende del settore con cui mettersi in competizione. In questo modo sarà possibile mantenere monitorata la loro posizione e adattare la propria strategia di conseguenza.

Per esempio, si potrebbe voler modificare le parole chiave, usando la sezione apposita. Questo è possibile in ogni momento e la sezione "Parole chiave" offre inoltre l'opzione di verificare il volume di ricerca e la difficoltà delle singole parole chiave selezionate.

Cliccando su "Procedura guidata" è infine possibile ricominciare daccapo con il processo di onboarding.

VANTAGGI E RISULTATI rankingCoach analizza dettagliatamente un sito web per mostrare se è presente sui principali portali di business, quali sono gli aspetti SEO da ottimizzare e molte altre informazioni.

L'utente impara come ottimizzare il proprio sito web in completa autonomia. Grazie ai nostri video tutorial può svolgere semplicemente tutti i compiti utili per migliorare la visibilità del suo sito online. rankingCoach, dopo aver analizzato il sito e individuate le parti da ottimizzare, fornisce un insieme di compiti che aiuteranno l'utente a migliorare la posizione sui motori di ricerca, le sue azioni di web marketing locale, la creazione di link in entrata e la presenza sui principali social media.

Grazie a rankingCoach si è sempre un passo avanti rispetto ai propri concorrenti. E' possibile monitorare costantemente il loro posizionamento e vedere i progressi fatti nel corso dei mesi.

Il SEO è un compito a lungo termine: bisogna essere pronti ad affrontare una maratona piuttosto che uno sprint. Soprattutto all'inizio di un'ottimizzazione è

normale che ci siano alti e bassi nei posizionamenti perché il motore di ricerca effettua delle valutazioni costanti in relazione al sito web. Bisogna lasciare che le parole chiave usate sviluppino i propri posizionamenti.

180.000 CLIENTI ATTIVI, 6 MESI PER OTTENERE RISULTATICi vogliono minimo 6 mesi per raggiungere buoni risultati e migliorare, quindi, il proprio posizionamento su Google. Questo è più o meno l'arco di tempo da noi stimato e calcolato sui risultati dei nostri clienti attivi, attualmente 170.000 in 25 Paesi del mondo.

Dove siamo? Lingue e paesi

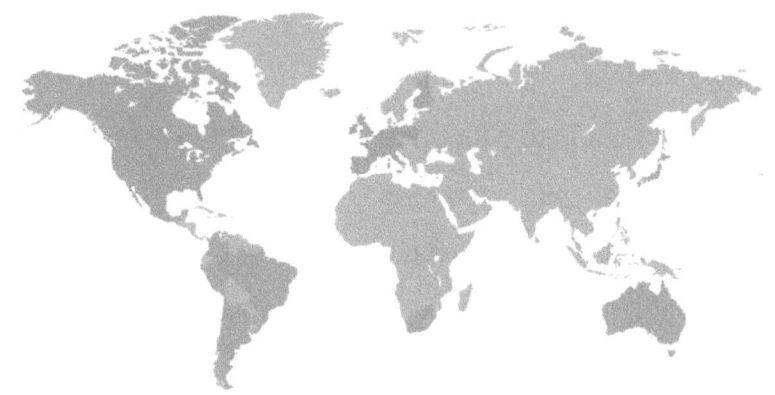

Offriamo supporto per il nostro prodotto in 13 lingue e 28 paesi, e ricopriamo in totale il 70% del mercato globale (dei paesi in cui sono utilizzati Google e i social network). Oltre all'alto numero di lingue in cui offriamo supporto, ciò che distingue ranking Coach è una serie di video tutorial (oltre 1200) per ogni compito e CMS. I nostri video tutorial spiegano nel dettaglio ai nostri utenti come muoversi nel proprio sito per portare avanti le azioni necessarie alla sua ottimizzazione. La nostra chat permette a visitatori e clienti di mettersi in contatto con il nostro team di esperti madrelingua, con cui è anche possibile prenotare webinar individuali. Il nostro blog propone articoli sui più recenti trend in fatto di SEO e la nostra sezione FAQ contiene le domande più frequenti in tutte le lingue in cui offriamo supporto.

Versione Agenzia - Il modello di business

Ranking Coach non è solo uno strumento pensato per il cliente finale ma anche per Agenzie e consulenti di web marketing che non hanno competenze o risorse in questo ambito ma vogliono offrire (perchè magari ricevono richieste) servizi di web marketing ai propri clienti.

La Versione Agenzia di ranking Coach, infatti, fornisce delle funzionalità in più rispetto alla Versione Standard. Per esempio, la possibilità di gestire più progetti contemporaneamente e inviare report in white label ai propri clienti.

CARATTERISTICHE STANDARD

ANALISI MONITORAGGIO REPORTISTICA	COMPITI/ VIDEO TUTORIAL	FLUSSO DI LAVORO STRUTTURATO

CARATTERISTICHE VERSIONE AGENZIA

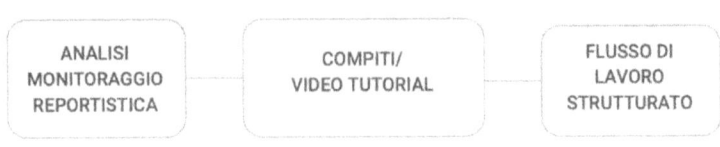

**PROGETTI/CLIENTI MULTIPLI
SUB-ACCOUNT PER I DIPENDENTI
TEMPO DI MONITORAGGIO INTEGRATO
REPORT IN WHITE LABEL**

Il modello di business è molto semplice: chiunque può offrire servizi SEO ai propri clienti e monetizzare anche quelli che hanno un budget basso o limitato.

SEO ordinario vs SEO con rC

Cosa ci distingue dalla concorrenza?

Servizi SEO ordinari	SEO con rankingCoach
Complicati	Semplice, per gestire più aspetti
Costosi	Economico
Ambigui	Trasparente
Strategia non chiara	Strategia chiara e personalizzata

1. Strategia e compiti qualificati

2. Registrazione delle attività, tempi trasparenti e comprensibili

3. Report chiari e completi per i clienti finali

4. White Label

5. Deleghi facilmente il lavoro a dipendenti, colleghi e clienti

6. Efficienza lavorativa: flusso di lavoro chiaro e semplice

Prova Gratuita E Codice Sconto

Provalo per 14gg e ricevere uno sconto del 20% su tutte le versioni disponibili. Basta inviare un'email a italia@rankingcoach.com con i propri dati e il codice sconto "PerformanceMarketing".

La prima **regola**: non **perdere** denaro. La seconda : non dimenticare mai la **prima**.

(Warren Buffett)

6.1 Il Remarketing

Il Ciclo Di Acquisto Online

Da una recente ricerca di Google Partners Research emerge che il 90% / 92% dei consumatori è molto influenzato dalle recensioni che si trovano su internet.

Uno processi di acquisto di un utente che avviene senza interruzioni prende il nome di acquisto **lineare**

È importante notare che il 50% dell'utente, se convinto ad acquistare dovrebbe mettere il prodotto nel carrello, ma il 50% di loro abbandona. Di questi il 98% abbandona la pagina.

Quindi in questi casi come si può procedere ?

Non preoccupatevi ragazzi ; c'è il **REMARKETING**: ovvero una strategia atta a rafforzare la chiusura di una conversione e a ottimizzare l'investimento pubblicitario. Questa tecnica consente di mostrare i tuoi annunci pubblicitari agli utenti che hanno visitato il tuo sito ma non hanno effettuato una conversione.

I vantaggi del remarketing sono:

- Raggiungere gli utenti che ti conoscono già e quindi più propensi all' acquisto;
- Raggiungere i tuoi potenziali clienti proprio nel momento in cui stanno cercando te o i tuoi competitor;
- Convincere un cliente che ti conosce già, anche se non ha mai acquistato da te;

Direi, quindi che il **remarketing ti dà una seconda possibilità**: permettendoti di raggiungere nuovamente gli utenti che hanno già visitato il tuo sito, mostrando loro un messaggio personalizzato oppure un'offerta che li incoraggi a tornarci e completare un acquisto che aveva lasciato in sospeso.

6.2 Configurazione del code Remarketing

Google AdWords prevede la possibilità di installare un codice all'interno del sito web, il quale consente di aggiungere i visitatori del tuo sito agli elenchi per il remarketing.

La sua unica funzione specifica è quella di far salvare il cookie sul browser degli utenti che navigano sul tuo sito.

Questa operazione può essere effettuata nella dashboard di Google AdWords andando in :

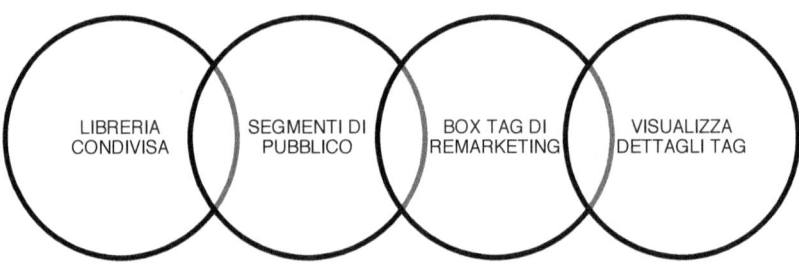

LIBRERIA CONDIVISA | SEGMENTI DI PUBBLICO | BOX TAG DI REMARKETING | VISUALIZZA DETTAGLI TAG

LE LISTE DI REMARKETING

Gli elenchi di remarketing sono delle elenchi di utenti che hanno già visitato il tuo sito (o la tua app). Puoi crearli da Google AdWords o, Google Analytics.

In questa maniera puoi personalizzare il pubblico da raggiungere, impostando le varie opzioni.

TARGETING E OFFERTA

Gli annunci AdWords vengono pubblicati solo quando rispondono ai tuoi criteri di targeting (parole chiave, interessi, posizionamenti ecc.) e quindi di fatto stai limitando o restringendo la copertura degli annunci.

SOLO OFFERTA

Se scegli solo OFFERTA, invece, AdWords non si limiterà ai tuoi targeting (parole chiavi, interessi, posizionamenti, ecc.) bensì aumenterà o diminuirà le possibilità a seconda dell'offerta che scegli.

La scelta tra le due opzioni dipende dai tuoi obiettivi SOLO OFFERTA offre un bacino più ampio, fornirà maggiori garanzie di conversione, a discapito di un costo per conversione più elevato.

6.3 Introduzione A Google Adwords

Google AdWords è una piattaforma pubblicitaria fondata nel settembre del 1997 da LARRY PAGE e SERGEY BRIN.

È uno strumento che consente di pubblicizzare il tuo sito web tra i risultati di ricerca a pagamenti di Google.

Uno dei fattori determinanti nell'espansione smisurata di AdWords consiste nel fatto che tutti possono utilizzarlo per promuovere il proprio sito web, la propria azienda e i propri prodotti, senza dover aspettare molto tempo prima che annunci vengano resi disponibili agli utenti

Il funzionamento di Google AdWords è basato sulla logica delle PAROLE CHIAVE (keyword) SU BASE D'ASTA.

Ogni volta che un utente effettua una ricerca su Google tramite una parola chiave, il sistema dà il via a un'asta che determina quali annunci pubblicare e in quali posizioni tra i risultati sponsorizzati.

Gli annunci AdWords vengono visualizzati in spazi predeterminati della pagina di ricerca di Google: in genere si trovano sopra risultati organici.

Andiamo, quindi, ad analizzare nel dettaglio struttura e funzionalità.

STRUTTURA DELL'ACCOUNT

Un account AdWords è strutturato in maniera gerarchica su QUATTRO LIVELLI:

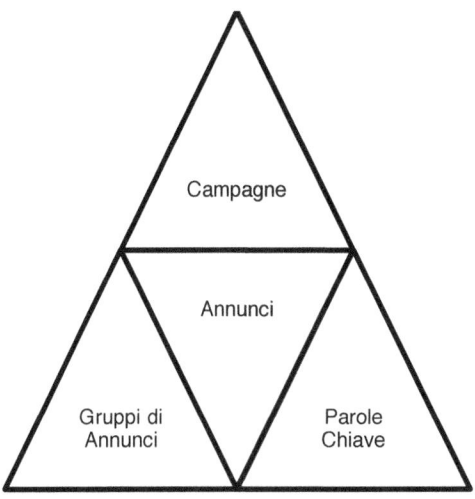

In genere è consigliabile ideare una campagna diversa per ogni categoria del proprio sito web.

Possiamo quindi stabilire:

RICERCA DELLE PAROLE CHIAVE

La scelta delle parole chiave è un elemento fondamentale oserei dire **chiave** per la buona riuscita di una campagna di advertising.

Nell'elaborazione di una lista di parole chiave. Il modo per scegliere quelle migliori è pensare a come le persone cercano i tuoi prodotti o servizi su internet.

Ci sono diversi modi per cercare parole chiave interessanti e adatte ai tuoi prodotti o servizi. Il più semplice è quello di cercare nuove idee su Google inserendo una parola chiave da cui partire e prendendo spunto da quelle proposte a fondo pagina, per ampliare la tua lista o anche da un confronto con il cliente.

Inoltre, con Google Instant puoi trovare nuove idee di keyword, grazie alle parole chiave suggerite in fase di ricerca, rispecchiando i nuovi trend dove i primi termini suggeriti sono quelli più ricercati dagli utenti.

KEYWORD PLANNER E GOOGLE TRENDS

Lo strumento più utilizzato per la ricerca di parole chiave è senza dubbio il Keyword Planner.

Con questo tool puoi trovare spunti, nuove idee di parole chiave e conoscere i volumi di ricerca.

Nello specifico puoi esaminare:

Per accedere al Keyword Planner vai su Google AdWords, clicca sulla voce STRUEMNTI del menu in alto e successivamente sulla voce STRUMENTO DI PIANIFICAZIONE DELLE PAROLE CHIAVE.

Una volta effettuato l'accesso puoi scegliere tra le seguenti operazioni disponibili:

- Cercare nuove parole chiave utilizzando una frase, un sito web o una categoria;
- Visualizza i dati e le tendenze del volume di ricerca;
- Inserisci o carica un elenco di parole chiave di cui ottenere previsioni;
- Ottieni previsioni per campagne o parole chiave del tuo account.

Un altro tool è GOOGLE TRENDS.

Inserendo una parola chiave ti verrà mostrato: l'andamento delle ricerche Google, gli argomenti a essa correlati e le query associate, cioè quello hanno cercato gli utenti in relazione a quella keyword e con i filtri puoi conoscere la frequenza con la quale vengono cercate le parole chiave su Google e filtrare i dati .

6.4 Scegliere le giuste Parole Chiave

La Corrispondenza

I tipi di corrispondenza delle parole chiave in AdWords ti aiutano a controllare le ricerche che attivano la pubblicazione dei tuoi annunci. Alcuni tipi di corrispondenze sono importanti per ridurre il traffico indesiderato e, conseguentemente, per ottenere sotto controllo la spesa pubblicitaria.

Google AdWords mette a tua disposizione 4 tipologie di corrispondenza:

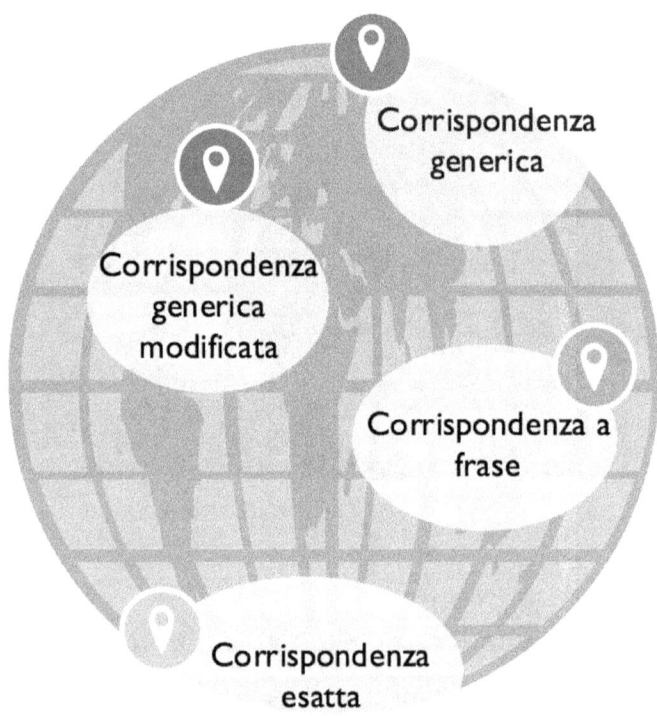

Andiamo ad analizzarle nel dettaglio.

LA CORRISPONDENZA GENERICA

I tuoi annunci verranno pubblicati sia per le parole chiave presenti nel tuo gruppo di annunci sia se un utente dei sinonimi, anche se non sono incluse nell'elenco.

Questa operazione ti consente di mostrare l'annuncio a un gruppo di destinatari più ampio.

LA GENERICA MODIFICATA

Perfeziona il livello di pertinenza con cui AdWords individua i termini correlati alle tue parole chiave. In questo caso per impostare un modificatore, devi aggiungere il segno + davanti alla parola chiave: +keyword.

CORRISPONDENZA A FRASE

Il tuo annuncio viene visualizzato quando gli utenti cercano la frase esatta, anche se preceduta o seguita da una o più parole.

La parola chiave in modalità a frase per essere attivata va inclusa tra virgolette: "keyword".

LA CORRISPONDENZA ESATTA

Stringi maggiormente il bacino di utenza. Puoi limitare la pubblicazione degli annunci solo alle query di ricerca che corrispondo alle parole chiave che hai scelto.

Per attivare la corrispondenza esatta è necessario che le parole chiave siano incluse dentro le parentesi quadre: |keyword|.

LE CHIAVI INVERSE (O NEGATIVE)

L'uso delle parole chiave inverse aiuta a limitare l'attivazione dei tuoi annunci per tutte quelle ricerche effettuate da utenti non in linea con la tua offerta.

Ti basterà aggiungere il segno – (meno) davanti alla parola che vuoi escludere dalle tue ricerche: -KEYWORD.

Per concludere, le parole chiave inverse possono aiutarti a ottenere un grande risparmio di budget: ti consiglio di inserirle soprattutto se fai uso di parole chiave a corrispondenza generica.

6.5 Introduzione agli Annunci

Gli annunci pubblicitari sono un altro elemento molto importante di AdWords:

Ci sono alcune regole da seguire affinché il tuo annuncio venga pubblicato da Google, andiamo ad analizzarle nel dettaglio:

GRAMMATICA E ORTOGRAFIA
Google non ammette annunci che contengono errori ortografici o templi verbali sbagliati.

SUPERLATIVI
Google non accetta l'uso dei superlativi come migliore di, il migliore ecc., tranne nei casi in cui, nelle pagine di destinazione, vi sia una dichiarazione di terze parti ad attestare ciò che viene affermato nell'annuncio.

MAIUSCOLE
Non è consentito un eccessivo uso delle maiuscole. In gran parte dei casi, gli annunci che contengono parole in maiuscolo vengono quasi sempre disapprovati.

RIPETIZIONI

Google non accetta che siano ripetute più volte parole o frasi.

PUNTEGGIATURA

È vietato un uso eccessivo della punteggiatura.

LINGUAGGIO INAPPROPRIATO

Google non ammette linguaggio volgare e inappropriato nel testo degli annunci.

INVITO A CLICCARE

Nel testo degli annunci non è ammesso l'invito al click. Evita frasi come "Clicca qui".

ANNUNCI DINAMICI

Parliamo degli annunci dinamici, ovvero del DYNAMIC KEYWORD INSERTION TOOL (DKI).

È stato verificato che quando un annuncio corrisponde a ciò che l'utente ha digitato, la percentuale che avvenga una conversione è maggiore rispetto a un annuncio generico.

Il DKI consente di personalizza gli annunci, modificandone il testo in base ai termini di ricerca dell'utente.

Il DKI può essere usato in tutte le righe dell'annuncio e nell'URL di visualizzazione e si indica con una proporzione di codice così strutturato: (keyword: testo alternativo).

Nel caso in cui un cliente utilizzi una delle parole chiave da te inserite nel gruppo di annunci, AdWords sostituirà automaticamente il testo con la parola chiave digitata dall'utente che ha attivato l'annuncio.

LO STRUMENTO ANTEPRIMA E DIAGNOSI ANNUNCI

Un tool molto utile per il controllo degli annunci AdWords è lo strumento Anteprima e diagnosi annunci.

Utilizzando puoi simulare una ricerca online direttamente dal menu STRUMENTI del tuo account AdWords senza dover cercare il tuo annuncio da Google.

Questo tool può rivelarsi utile per comprendere le cause di mancata pubblicazione dei tuoi annunci.

IL CENTRO CLIENTI ADWORDS

Il Centro Clienti AdWords (MCC) è una tipologia di account con cui agenzie e consulenti possono gestire contemporaneamente gli account dei propri clienti in una sola interfaccia e alla quale è possibile accedere con unico login.

Cosa offre :

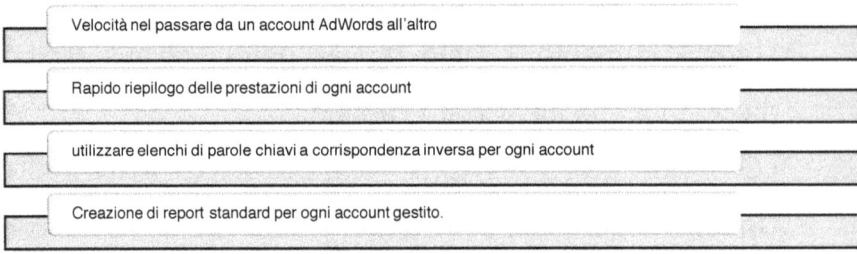

Velocità nel passare da un account AdWords all'altro

Rapido riepilogo delle prestazioni di ogni account

utilizzare elenchi di parole chiavi a corrispondenza inversa per ogni account

Creazione di report standard per ogni account gestito.

Basta andare sulla pagina del centro clienti e fare login con un account Google dedicato.

Una volta registrato il Centro Clienti Adwords, puoi collegare i tuoi account al tuo MCC inserendo l'ID cliente dell'account AdWords che si vuole gestire.

AWORDS EDITOR

AdWords Editor è un software Free di Google utilizzato per la gestione di grandi account per modificare un alto numero di campagne pubblicitarie. Permette di scaricare i dati dell'account e di eseguire delle modifiche offline in blocco (anche senza una connessione a internet), per poi caricarle sull'account quando si è di nuovo online.

Cosa puoi fare ?

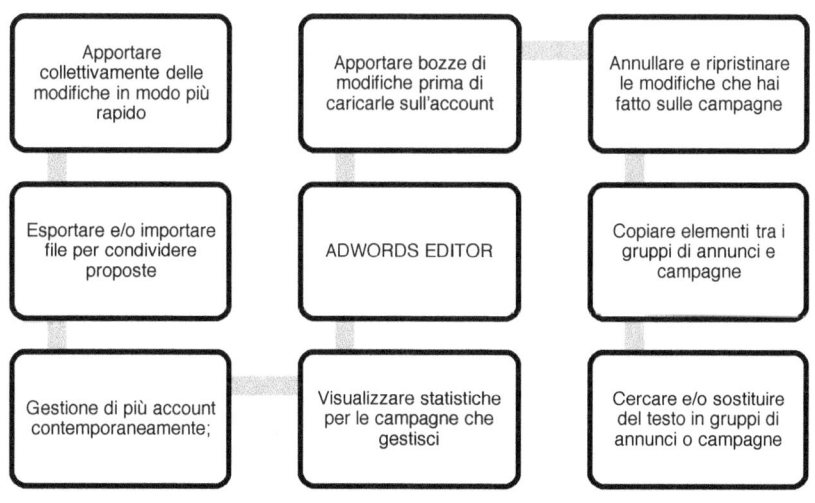

Apportare collettivamente delle modifiche in modo più rapido	Apportare bozze di modifiche prima di caricarle sull'account	Annullare e ripristinare le modifiche che hai fatto sulle campagne
Esportare e/o importare file per condividere proposte	ADWORDS EDITOR	Copiare elementi tra i gruppi di annunci e campagne
Gestione di più account contemporaneamente;	Visualizzare statistiche per le campagne che gestisci	Cercare e/o sostituire del testo in gruppi di annunci o campagne

Il Web non si limita a collegare macchine, connette delle persone.

Tim Berners-Lee

7

7.1 Facebook ADS, Panoramica

Bene ! ora, per poter partire, occorre prima di tutto avere un account pubblicitario.

Hai 2 modalità:

- Puoi farlo direttamente dal tuo account personale andando all'indirizzo facebook.com/ads /create
- Oppure da Business Manager

Comando COLONNE + PRESTAZIONI = puoi personalizzare ciò che vedi in base a quelle che sono le metriche più significative per le tue campagne.

Puoi anche visualizzare nel dettaglio le performance delle tue campagna online semplicemente cliccando su DETTAGLIO; come ad esempio in quali regioni è stata mostrata la campagna? Quale fascia d'età meglio ha performato o in quale fascia oraria acquisisci più lead, ecc.

7.2 Impostare una campagna ADS

- **Metti in evidenza i tuoi post,** ottenendo il maggior numero di interazioni possibili.
- **Promuovi la pagina,** indicato se vuoi, o meno, aumentare i mi piace della pagina.
- **Raggiungere le persone vicino alla tua azienda,** strutturando localmente il tuo target su un determinato territorio.
- **Aumentare la notorieta' del brand,** consentendo di far visualizzare le tue inserzioni alle persone che più probabilmente vi faranno attenzione. Indicato se vuoi aumentare la brand awareness.
- **Copertura,** per raggiungere il maggior numero di persone possibile all'interno di una determinata audience
- **Invia le persone a una destinazione su facebook o fuori facebook,** se vuoi portare traffico a un determinato contenuto.
- **Incrementare la partecipazione al tuo evento**

Cosi da mostrare l'inserzione alle persone che hanno più probabilità di partecipare all'evento che hai creato.

- **Ottieni visualizzazioni del video**

Spettacolare funzione, se vuoi ottenere il maggior numero di visualizzazioni possibile del video caricato.

- **Raccogli contatti per la tua azienda**

Consente di raccogliere in tempi immediati i dati degli utenti.

- **Aumenta l'interazione con la tua app**

L'obiettivo è pensato per far interagire le persona con la tua applicazione

- **Promuovi un catalogo prodotti**

Opportunità per gli e-commerce, ovvero è una campagna mirata a far girare dinamicamente una determinata serie di prodotti.

- **Fai in modo che le persone visitino i tuoi punti vendita**

Per chi ha più sedi nel territorio e intendono raggiungere le persone intorno a ciascun punto vendita, inserendo le varie sedi nell'apposita area.

7.3 Area Audience Network

Con Audience Network le inserzioni escono dalle mura di Facebook ed Instangram per arrivare sui siti, app, articoli interattivi di terzi.

Oltre a scegliere se mostrare gli annunci su Facebook mobile o desktop, puoi anche decidere su quali dispositivi mobili e sistemi operativi farle vedere.

Riguardo ai posizionamenti, puoi domandare a Facebook la scelta di dove mostrare le tue inserzioni, lasciano spunta la voce **posizionamenti automatici** o puoi modificare i posizionamenti e decidere tu dove mostrarle.

Una volta scelto dove posizionare le inserzioni, è il momento di decidere quanto e come vuoi spendere i tuoi soldi.

Alla voce **budget** puoi scegliere tra budget giornaliero e budget totale; nel primo caso definisci quanto vuoi spendere ogni giorno, nel secondo decidi quanto vuoi spendere in tutto il periodo di tempo, cliccando sulla voce **programmazione della durata**.

Facebook non solo ti permette di stabilire in che modo ottimizzare la tua inserzione, ma anche in base a cosa pagare, azioni o visualizzazioni.

Alla voce **ottimizzazione per la pubblicazione dell'inserzione** puoi scegliere tra vari metodi, che cambiano in base all'obiettivo che avevi selezionato.

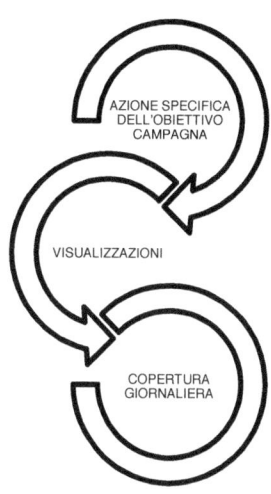

Azione specifica dell'obiettivo campagna

Facebook, cercherà di raggiungere le persone più propense a fare l'azione obiettivo della tua campagna, in modo da farti raggiungere il massimo delle azioni al costo minore.

Visualizzazioni

Facebook cerca di mostrare le inserzioni più volte possibile all' audience che hai scelto.

Facebook ads ti consente di partecipare a un'asta con tutti gli altri inserzionisti che vogliono raggiungere lo stesso target; puoi scegliere l'importo della tua offerta alla voce

importo dell'offerta, o optare alla selezione dell'opzione AUTOMATICA, sarà Facebook a impostare automaticamente l'offerta migliore per farti raggiungere i tuoi obiettivi al miglior prezzo possibile.

Con l'opzione **programmazione delle inserzioni** puoi anche scegliere in quali giorni o orari mostrare le tue inserzioni, questo è consigliabile nel caso in cui conosci bene il tuo target, consentendo una migliore conversione in certe fasce orarie o giorni.

Voce **tipo di pubblicazione** ti dà l'opzione di scegliere tra pubblicazione standard e accelerata. con la pubblicazione accelerata il social cercherà di mostrare le inserzioni più volte possibili = più visualizzazioni = maggiori costi ! perchè Facebook ti da una sorta di prelazione sugli altri inserzionisti.

7.4 La creazione dell'inserzione

Una volta che hai scelto l'obiettivo possiamo andare su Editor alla voce **post della pagina**.

A livello inserzione puoi scegliere il formato da utilizzare, la pagina alla quale agganciare l'inserzione e l'eventuale destinazione alla quale inviare le persone (link, canvas, tab, lead form).

Ogni obiettivo ha i suoi formati ed ogni formato ha le sue specifiche.

Qui puoi trovare ulteriori approfondimenti :

facebook.com/business/ads-guide

Fissiamo gli obiettivi

Uno dei più utilizzati, generalmente è: **obiettivo invio ad una destinazione interna o esterna a facebook o conversione**, il link può avere come anteprima una singola foto, un video e si può inserire anche un invito all'azione strategico, che incita l'utente a fare l'azione ad esempio "Acquista ora".

I Video

Uno dei formati più indicati e che può garantire maggiori impressioni. Generalmente si consiglia di utilizzare video brevi e significativi inoltre il video è un formato molto interessante anche perché permette di creare dei pubblici personalizzati ad hoc.

Il Carosello

Un formato che permette di promuovere un link in più box o più link nello stesso annuncio. Proprio come in un carosello, i box si possono scorrere e inserire una card finale con l'immagine di profilo della pagina collegata che invita a scoprire di più sul sito.

Il Canvas

In strumenti di pubblicazione si gestiscono i Canvas,

ovvero formati che vengono caricati fino a 10 volte più velocemente dei normali link esterni. Pensati per il mobile, completamente personalizzabili e divisi per sezioni, al loro interno si possono inserire video, caroselli, foto, testo, link, inviti all'azione.

È un formato davvero interessante da usare, specialmente se si vuole raccontare o presentare un certo prodotto, servizio o brand.

Lead Ads

Il formato lead ads permettono di acquisire contatti in modo rapido, semplice ed efficace, permette di acquisire i dati da parte degli utenti senza abbandonare Facebook, senza aspettare i tempi di caricamento di una pagina esterna, permettendo all'utente di iscriversi ad una newsletter, partecipare a una promozione, richiedere, maggiori informazioni in merito a un'iniziativa in pochi secondi e in modalità mobile.

La Top Audience

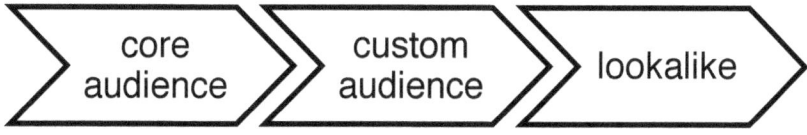

Core Audience

Si basa su dati di tipo demografico: si può profilare in base a criteri geografici, location, interessi, comportamenti e connessioni.

Questi dati vengono utilizzati dagli inserzionisti per raggiungere le loro target audience.

Le caratteristiche tramite le quali è possibile profilare le core audience sono molte e variano di paese in paese; per alcuni, grazie alle partnership con sistemi che gestiscono giganteschi database di informazioni, le informazioni offerte in fase di profilazione sono molte di più che per altri stati.

Alla voce **targhettizzazione dettagliata** puoi decidere se inserire più interessi, comportamenti e categoria in formula inclusiva (includere le persone che soddisfano almeno UNO dei requisiti inseriti) o esclusiva (escludere le persone che soddisfano almeno uno dei requisiti inseriti); puoi quindi scegliere, di mostrare le tue inserzioni a persone interessate a un genere specifico.

Potrai inoltre vedere le pagine dei competitor e di interessi e community create dagli utenti.

Custom Audience

I pubblici personalizzati (custom audience) ti permettono di raggiungere persone che già ti conoscono, ma anche di segmentarle in modo molto preciso in base alle loro azioni (sull'app o sul sito) e preferenze, avvicinandoti magicamente a quello che è l'obiettivo di Facebook.

Lookalike

Il pubblico simile (lookalike) ti consente di raggiungere nuove persone che potrebbero essere interessate alla tua azienda in quanto presentano caratteristiche simili a clienti che contano per te.

In poche parole, tu dai a Facebook una serie di dati che fanno da fonte e lui, grazie a una particolare e complessa tecnica di modellizzazione, ti crea un'audience simile alla fonte che gli hai fornito.

L' origine può essere :

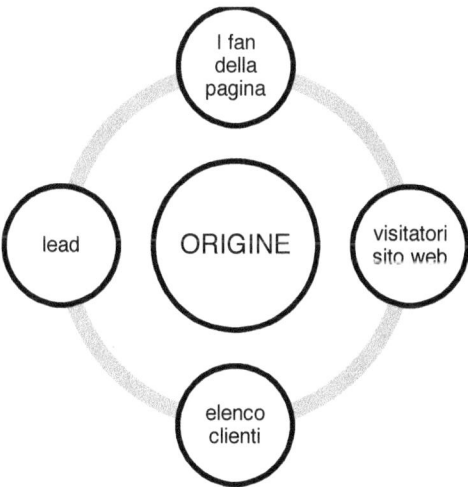

Le lookalike possono dare risultati straordinari se la fonte a partire dalla quale vengono create è di qualità e omogenea, proprio perché offrono la possibilità di raggiungere nuove audience con caratteristiche simili ai nostri pubblici.

Per crearla si clicca sul menu del pannello **gestione inserzioni** alla voce **pubblico > crea pubblico > pubblico simile.**

Scegliere la serie di dati origine per la creazione del pubblico simile come ad esempio la fan della pagina, il paese per il quale vuoi creare il tuo pubblico simile e le dimensioni del pubblico.

Queste ultime vanno da 1 a 10, che rappresentano la percentuale della popolazione totale iscritta a Facebook del paese scelto per creare l'audience; minore è la percentuale (1%), maggiore sarà il grado di similarità con il pubblico inserito come origine, viceversa maggiore è la percentuale minore è il grado di similarità.

Come scegliere l'audience perfetta

A LIVELLO GRUPPO esplora il pannello che ti permette di profilare LE PERSONE DA RAGGIUNGERE noterai che ci sono tantissimi criteri di profilazione, mano a mano che modificherai le caratteristiche del pubblico che vuoi raggiungere vedrai l'indicatore della definizione del pubblico spostarsi e la copertura potenziale e giornaliera cambiare.

Ovviamente più criteri di profilazione utilizzi, più restringerai la tua audience.

Quindi il tutto è suddiviso in segmenti in base alle persona che vogliamo andare a raggiungere, per ogni persona vengono definiti gli aspetti che la caratterizzano, ovvero:

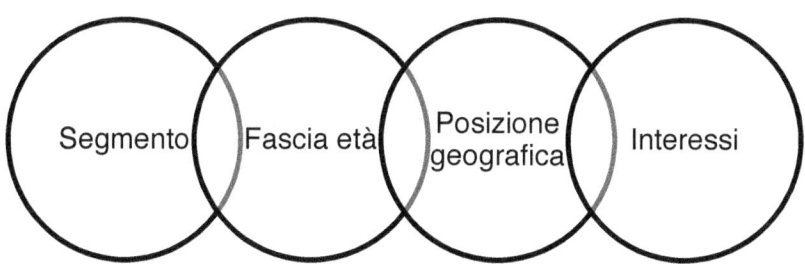

In questa fase devo inserire tutto ciò che mi piò aiutare a definire il mio target, tuti quei comportamenti ed interessi che lo caratterizzano; tieni presente che, spesso, è difficile targettizzate precisamente le persone per posizione lavorativa, semplicemente perché in pochi mettono il preciso titolo di lavoro su Facebook, quindi testare non guasterebbe, inserendo tutte le parole chiave che possono essere associate al target.

Sia che tu voglia fare campagne per il tuo brand che per clienti, dedica molta attenzione a questa fase di raccolta e definizione dei segmenti da raggiungere, ti sarà utile dopo.

Ecco a te alcuni strumenti per trovare altre idee per raggiungere il tuo target o nuovi criteri di targetizzazione ?

Eccone due:

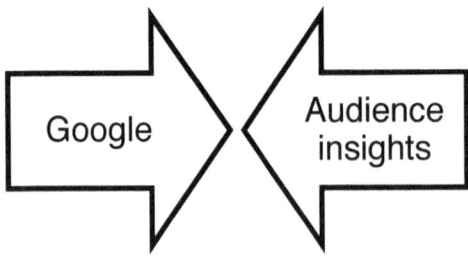

Google

Mettiamo io voglia raggiungere la categoria "Masseria low cost" 300/500 euro con un'offerta specifica per loro. Potrei pensare di fare un segmento definito, ma come ben sai andando su Google e semplicemente inserendo la parola "masserie low cost" già potrei trovare un po'di idee interessanti.

A questo punto vado a cercarmi le pagine di questi brand su Facebook precisamente come criterio di profilazione nella targetizzazione dettagliata. Vedrai che inserendo questi criteri di profilazione, Facebook ti darà ulteriori suggerimenti; verifica se rientrano tra gli effettivi interessi/caratteristiche del tuo target ed eventualmente aggiungili.

Audiencce Insights

Un altro strumento utilissimo sono gli insights sul pubblico (audience insights); in pratica ti permettono di avere una serie di informazioni circa i pubblici, tuoi o di competitor. Il tutto viene allocato nel menu del pannello gestione inserzioni alla voce INSIGHTS DEL PUBBLICO.

Grazie per ora.   A presto!

Conclusioni:

I Libri, in genere, assumono un valore direi quasi inestimabile se riescono a risolvere o portare beneficio su una o più situazioni per migliorare processi lavorativi.

Un ringraziamento particolare a te, che hai investito nella formazione e nell'arricchimento personale.

Ah, dimenticavo: se ti va di restare in contatto con me per avere consigli, pormi quesiti o invitarmi a prendere un buon Ginseng, disponi!

www.ingramcontent.com/pod-product-compliance
Lightning Source LLC
Chambersburg PA
CBHW071437180526
45170CB00001B/374